Incorporare efficacemente i s

Pelumi Joseph

Incorporare efficacemente i social media: Un caso di studio su Cadbury

ScienciaScripts

Indice dei contenuti

Ringraziamenti

Desidero esprimere la mia sincera gratitudine alla mia famiglia, ai miei amici, ai miei colleghi studenti e al personale della School of Business and Management e non solo, per il loro aiuto e la loro partecipazione a questo studio. Il loro contributo e il loro sostegno sono stati molto apprezzati per il completamento di questo lavoro. Vorrei anche esprimere la mia più sincera gratitudine al mio supervisore, Amit Rai, per tutti i suoi consigli e la sua guida durante tutte le fasi di completamento di questo studio. Tutti i suoi commenti, dall'inizio alla fine, sono stati molto apprezzati.

Astratto

"I social network sono ormai i sistemi operativi della vita dei consumatori. Sono diventati rapidamente indispensabili".

Christopher Vollmer e Karen Premo, 2011, p. 4.

"La crescita esponenziale dei social media, dai blog, Facebook e Twitter a LinkedIn e YouTube, offre alle organizzazioni la possibilità di partecipare a una conversazione con milioni di clienti in tutto il mondo ogni giorno".

Toby Merrill, Kenneth Latham, Richard Santalesa e David Navetta, 2011, pag. 2.

Attualmente, il numero di opportunità all'interno di un mercato commerciale caratterizzato dai social media è aumentato notevolmente rispetto al passato. Per esempio, dal suo lancio nel 2004 "Facebook ha aggiunto il suo miliardesimo utente (Field & Grande: p. 4)". Allo stesso modo, "il volume giornaliero dei tweet è più che triplicato, raggiungendo i 330 milioni (Ibid)". Inoltre, in una versione simile a quella di altri siti di social media, Facebook è una piattaforma che abilita tecnologie che facilitano la diffusione delle reti sociali, consentendo agli individui di condividere informazioni online nello stesso modo in cui lo fanno nella realtà. Detto questo, è chiaro che le opportunità offerte dai siti di social media sono troppo grandi per essere ignorate. Inoltre, ci ricorda che è importante prestare molta attenzione e rispetto alla crescita dei social media e ai loro benefici di marketing, così come un tempo si prestava rispetto alla pubblicità televisiva. Per questo motivo il presente documento esplora il social media marketing, le sue funzioni e le sue best practice. Lo farà concentrandosi specificamente su Cadbury nel corso dell'intero studio e della ricerca che saranno condotti in questo documento. Oltre a esplorare il marketing dei social media, intendo esplorare la sua utilità all'interno delle aziende, ma con un focus principale su Cadbury. Inoltre, cercherò di capire come Cadbury utilizza i siti di social media (compreso Facebook) per interagire, coinvolgere e mantenere i rapporti con i propri clienti e con gli altri utenti di Internet.

Capitolo 1. Introduzione

I social media sono diventati sempre più integrati in molte vite della società contemporanea, mentre la loro utilità a fini di marketing è evidente in molti marchi famosi negli ultimi tempi. Secondo Newman, Dutton e Blank (2012: p. 9), "tra il 2007 e il 2011 il numero di persone che gestiscono regolarmente profili su siti di social networking è aumentato drasticamente, passando dal 17% al 60%". Ciò dimostra che la crescente centralità e il ruolo dei social media non sono da sottovalutare. Inoltre, i social media sono diventati parte integrante di molte vite, in particolare dei giovani adulti (età: 16-25 anni) e questo si è rivelato un vantaggio per i social media stessi e per le aziende commerciali. Inoltre, sono diventati un importante strumento di marketing per le aziende, grazie alla loro crescente crescita e popolarità tra gli utenti negli ultimi anni. Non sorprende ma è evidente in aziende importanti come Coca-Cola, Nike e P&G che hanno ospitato campagne di alto profilo come: Expedition 206 di Coca-Cola, Write the Future di Nike e Old Spice Responses di P&G, solo per citarne alcune. Questo è un segnale importante del fatto che i social media stanno passando dalla periferia al centro dell'agenda di marketing di molte aziende. Tuttavia, è importante notare che la maggior parte delle aziende, anche quelle leader di mercato, sono ancora nelle fasi iniziali del loro impegno sui social media. Inoltre, il progresso tecnologico ha spostato l'attenzione quasi completamente dai media tradizionali, come la carta stampata, la radio, la TV, le registrazioni e così via. Forse viviamo in un'era digitale o, come dicono Vollmer e Premo, "la tecnologia digitale è diventata la più importante": 'La tecnologia digitale è diventata il mezzo di comunicazione più importante, più veloce e più influente' (Christopher Vollmer & Karen Premo; 2011).

I media online e digitali limitano e allo stesso tempo potenziano gli individui che interagiscono tra loro nell'ambiente online. L'obiettivo del marketing digitale, come quello di Facebook, è quello di intervenire con successo in questo nuovo sistema di informazioni e di riorganizzarlo. Forse è questo il motivo per cui oggi i marketer e le aziende si concentrano molto sulla creazione di comunicazioni efficaci modificando o riorganizzando il tipo, l'intensità e la connettività della loro presenza online.

Questo documento esplora la nozione di social media e di utenti di Internet con un caso di studio sulla presenza sul web di Cadbury. Come il progresso tecnologico abbia causato uno spostamento dell'attenzione e come l'abbia quasi completamente sottratta ai media tradizionali, quali: TV, carta stampata, radio, registrazioni, ecc. Verrà posto un accento approfondito su come i social media stiano plasmando l'esperienza online degli utenti di Internet, sull'impatto che hanno sugli utenti e soprattutto su come stiano cambiando il modo in cui le persone comunicano e si relazionano tra loro all'interno dello spazio digitale. Inoltre, saranno condotte delle indagini per esplorare in che modo Cadbury si è e si sta impegnando con i social media e come sta soddisfacendo le richieste su e con i siti di social networking (ad esempio, Facebook, Twitter, YouTube). Le domande a cui si risponderà nel corso di questo lavoro aiuteranno a identificare gli effetti dei social media, le opportunità che presentano, i limiti e le sfide poste dall'incorporazione dei social media nelle aziende.

I social media sono e sono diventati un utile strumento di marketing che aiuta un'azienda a sviluppare relazioni e a connettersi con il proprio pubblico. Strumenti come Facebook, Twitter, YouTube, Google Plus, vari siti di blogging e digitali (ad esempio dwinQ) e, più recentemente, Instargram sono una serie di possibili strumenti di connessione utili per il social media marketing. Spetta quindi all'azienda fare in modo che la relazione si sviluppi, cresca e si mantenga. I social media sono essenzialmente diffusi, quindi sono in anticipo sulla concorrenza e sono utili alle aziende per essere in vantaggio sulla concorrenza. Questo si evince dalla citazione di Vollmer e Premo: Secondo eMarketer, l'80% delle aziende utilizza oggi una qualche piattaforma o strumento di social media nel marketing" (Christopher Vollmer & Karen

Premo, 2011). Inoltre, i concorrenti di Cadbury, Nestle, Mars e Wm. Wrigley Jr. Company sono tutti presenti sui siti di social media e si impegnano nel social media marketing.

Cadbury è un'azienda leader nel settore dolciario non solo per i numeri, ma anche per la sua presenza online su vari siti di social media. La presenza dell'azienda online e sui siti di social media le consente di attirare l'attenzione dei fan e dei follower e di partecipare alla conversazione. Cadbury raggiunge molti utenti, se non tutti, a prescindere dalla loro condizione di nuovi utenti di piattaforme di social media o di utenti abituali.

Significato della ricerca

I social media sono uno strumento importante nel campo della comunicazione e del marketing e non fanno che crescere. Questo fenomeno sta cambiando il modo in cui il marketing è stato tradizionalmente fatto negli anni passati, e sta ancora cambiando il modo in cui il marketing viene fatto. Analisi in tempo reale, feedback in tempo reale, connessione alla vita e esperienza di interazione sociale su larga scala sono solo alcuni dei vantaggi. La presenza online, da questo punto di vista, serve come strumento di comunicazione, ma non si riferisce all'intervento per ottenere un cambiamento sociale. Questa ricerca fornirà una chiara comprensione di come una grande azienda che utilizza diverse piattaforme mediatiche possa servire da esempio per altre organizzazioni future.

Cadbury è un marchio molto rispettato nell'industria dolciaria ed è noto per la sua importanza nei Paesi in cui è presente, ad esempio è il marchio di cioccolato numero uno nel Regno Unito ed è un marchio britannico molto amato con una lunga tradizione. L'azienda è attivamente coinvolta in diverse piattaforme di social media e il suo impegno può servire come base per un piano di social media marketing. Cadbury ha anche recentemente creato una campagna sui social media chiamata "Cadbury House experience" (*vedi qui: http://www.youtube.com/watch?v=wILprOrDHKA*). In questa campagna, Cadbury ha sfruttato dwinQ per un'esperienza iper-sociale in occasione dei giochi di Londra del 2012, inviando parte del proprio personale a lavorare con dwinQ per creare un'esperienza interattiva sui social media, in occasione della presenza ai giochi di Londra. L'evento si è svolto nella Cadbury House di Hyde Park, a Londra. Il team ha utilizzato diverse piattaforme di social media come Facebook, YouTube e Newsfeed per documentare il viaggio e rivelare ciò che rende felici le persone di tutto il mondo. Gli utenti hanno partecipato scattando foto e catturando ricordi divertenti che sono stati condivisi automaticamente e in tempo reale sulle loro news feed di Facebook. La soluzione crea divertimento per gli ospiti (utenti) e contemporaneamente aumenta il messaggio del marchio Cadbury a centinaia di migliaia di persone oltre ai partecipanti.

L'indagine sulla loro presenza sui social media dovrebbe fornire l'opportunità di rivelare le strategie utilizzate da Cadbury e fornire una base per comprendere questa nuova sensazione.

Capitolo 2. Metodologia

Il presente documento presenta uno studio esplorativo che mira ad approfondire i requisiti importanti per l'utilizzo dei social media al fine di ottenere un vantaggio competitivo, una forte posizione di mercato e una presenza e un coinvolgimento di qualità sui social media. Lo studio si concentra in particolare su Cadbury, ma fornisce anche esempi di come l'attività sui social media all'interno di Cadbury e di altre aziende serva da modello per altri. La raccolta dei dati primari si è basata su un sondaggio con domande che hanno prodotto dati quantitativi e qualitativi. Lo studio si è sviluppato anche sulla base di ricerche secondarie, realizzate attraverso articoli accademici sui siti di social media tramite banche dati online e libri di testo.

I risultati presentati in questo documento sono in parte quantitativi (principalmente attraverso un sondaggio) e in parte qualitativi (in misura minore attraverso articoli scientifici), relativi alle attività di Cadbury e dei social media. Il processo di selezione dei metodi e delle teorie può essere utile per capire e spiegare perché sono stati scelti le teorie e i metodi utilizzati. L'idea di indagare su come Cadbury incorpori efficacemente i social media come principale teoria di ricerca è stata la prima decisione presa nel processo di stesura di questo documento e quindi la principale area di interesse. Da qui è partito il processo di revisione della letteratura e di ricerca secondaria.

Utilizzando strumenti come Ms Excel per analizzare il questionario, il ricercatore è stato in grado di identificare le caratteristiche principali dei siti di social media, tra cui l'associazione con il divertimento e la popolarità di Facebook tra i giovani adulti e, soprattutto, ciò che viene ritenuto irrilevante sui social media. Questo ha permesso al ricercatore di confermare che i metodi scelti erano affidabili, in quanto è stata fornita una visione di prima mano sui comportamenti online dei vari individui presenti in rete. Ciò ha contribuito a scoprire cosa è accettabile e cosa no e, di conseguenza, è servito come base per le raccomandazioni di Cadbury su come gestire la propria presenza online.

Raccolta di dati primari - Sondaggio

La decisione sul metodo di raccolta dei dati primari è stata presa attraverso fasi di successo e di insuccesso. Tuttavia, l'intento di tutto il processo è stato quello di trovare un metodo che aiutasse a fornire risposte che descrivessero i requisiti necessari per avere successo con le pratiche di social media marketing in Cadbury. Alla fine, è stata presa la decisione di condurre un'indagine, è stato creato un questionario ed è stato somministrato fisicamente distribuendo copie di ogni questionario ai partecipanti disposti a partecipare allo studio.

Come accade per altri metodi, l'uso dei sondaggi come materiale di ricerca ha effetti sia positivi che negativi. Secondo la definizione di Lietz, un sondaggio è "...un processo di comunicazione complesso in cui il prodotto dell'interazione tra ricercatore e intervistati porta alla condivisione e alla creazione di significato" (Lietz, 2010: p.249). Inoltre, per quanto riguarda le caratteristiche di uno studio esplorativo, il numero di domande del campione e i campioni limitati di questa ricerca, sarebbe utile in futuro ricreare lo studio su scala più ampia, magari con altri metodi, per vedere se i requisiti richiesti da questo studio possano essere ritenuti validi anche in altri tipi di aziende commerciali coinvolte nell'attività sui social media.

Campione:

Prima di illustrare le fasi di stesura e di decisione delle domande incluse nel sondaggio per questo studio, è importante comprendere la selezione del campione, perché lo schema delle domande di un sondaggio può essere influenzato da chi si rivolge all'indagine.

Come specificato in precedenza, il sondaggio è stato distribuito fisicamente ma a un totale di 150 studenti iscritti a diversi corsi (ad esempio, Matematica, Letteratura inglese e Ingegneria meccanica) all'interno di un'università urbana (Queen Mary University of London). Sono stati intervistati sull'uso dei siti di social media, tra cui Facebook, Twitter, YouTube, Google+, My Space, LinkedIn, Instagram, Student Room e blog. La partecipazione a questo studio è stata volontaria e i partecipanti non hanno ricevuto alcuna ricompensa sotto forma di denaro o buoni sconto, perché questo era il modo in cui il ricercatore intendeva condurre lo studio proposto e questo è stato spiegato a ogni partecipante prima di completare il questionario. I partecipanti erano quindi consapevoli del fatto che la compilazione del questionario era nel loro stesso interesse.

Le domande sono state concepite per scoprire quali siti di social media i partecipanti visitano regolarmente, le motivazioni che li spingono a visitare i siti di social media, le piattaforme attraverso le quali accedono agli account di social media (ad esempio, il cellulare), se apprezzano o seguono un'azienda e cosa li spinge a farlo. Questi sono alcuni esempi di motivazioni su cui si sono basate le domande generate in questo studio.

Sebbene l'uso di un campione basato esclusivamente su studenti universitari nella ricerca sulla comunicazione possa essere considerato conveniente e non rappresentativo, in questo caso particolare era adatto, dal momento che gli studenti universitari rappresentano il gruppo target primario e focale per questo particolare studio (Papacharissi & Mendelson, P:10). Tuttavia, altri hanno sostenuto che "l'uso di campioni di studenti universitari è giustificato quando questo gruppo demografico è teoricamente interessante per l'argomento di studio. Gli studenti universitari rappresentano una parte significativa della fascia demografica dei siti di social network online (Papacharissi & Mendelson, P: 10 e 11)". Inoltre, molti giovani hanno già dieci anni, a volte anche meno, e soprattutto gli studenti universitari sono di solito i primi utilizzatori dei nuovi generi tecnologici, fornendo così un campione valido per questo studio sui "nuovi generi televisivi" (Ibidem). Questa particolare generazione di utenti di Internet viene spesso definita Generazione Y, o in altre parole i nativi digitali nell'ambiente online. In altre parole, si tratta di giovani che si scambiano continuamente messaggi e modificano ripetutamente i loro profili sulle piattaforme di social media per mantenere una certa immagine di sé online. Tuttavia, un risultato sorprendente dell'indagine è che pochi partecipanti hanno dichiarato di avere, ad esempio, un account su Facebook, ma di non utilizzarlo spesso.

Non c'era un tempo prestabilito per il completamento dell'indagine, quindi i partecipanti a questo studio non sono stati informati di un tempo prestabilito entro il quale dovevano completare l'indagine. Tuttavia, il tempo medio di completamento per tutti i partecipanti non è stato superiore ai cinque minuti.

In totale, i partecipanti che hanno risposto al sondaggio nella categoria scelta per questo studio sono stati 160, ma il campione presentato in questo articolo rappresenta solo 150 partecipanti, che per coincidenza era l'obiettivo prefissato per questo studio fin dall'inizio. Le 10 risposte dei partecipanti scartate erano dovute a risposte malformate.

Costruzione dell'indagine:

Ci sono diverse considerazioni utili quando si creano e si progettano le domande per un sondaggio. Rispetto a un focus group, per esempio, in cui il ricercatore può avere l'opportunità di aggiustare le domande, nel caso in cui non siano state inizialmente comprese dai partecipanti; in un sondaggio, invece, piccoli dettagli o errori nella creazione di una domanda possono avere effetti enormi sul tipo di risposte che verranno date e tale effetto si rifletterà sul risultato finale della ricerca (Lietz, 2010). Inoltre,

Lietz (2010) sostiene che è importante considerare la lunghezza, la specificità e la semplicità delle domande. In poche parole, il ricercatore deve assicurarsi che le domande poste siano chiaramente comprensibili e che non ci sia spazio per l'interpretazione da parte degli intervistati.

Il sondaggio comprendeva un totale di 21 domande. Tutte le domande sono correlate all'argomento di questo studio, anche se non sono particolarmente legate all'azienda scelta per questo studio. Alcune domande consentivano agli intervistati di esprimere ulteriori pensieri attraverso commenti sui social media, ad esempio le domande 15, 13, 11, 10 e 21. L'idea era quella di raccogliere il maggior numero di informazioni possibili dagli intervistati. L'idea era quella di raccogliere il maggior numero possibile di informazioni dagli intervistati. Delle ventuno domande previste per questo studio, sedici prevedevano risposte opzionali in cui gli intervistati potevano "barrare" una o più opzioni possibili, anche se la prima domanda prevedeva solo l'opzione di barrare una o l'altra.

Forse un maggior numero di domande avrebbe potuto aiutare a comprendere meglio i dati demografici dei partecipanti, come ad esempio quanti anni avevi e in che anno ti sei iscritto a una piattaforma di social media come Facebook, e forse un altro metodo come un focus group avrebbe aiutato a capire le opinioni dei clienti sulla presenza di Cadbury sui social media. Detto questo, non si è ritenuto che ciò influisse in modo significativo sull'interpretazione dei risultati finali, in relazione al valore da ottenere da una gamma più ampia di domande campione. Sarebbe stato utile avere domande che generassero le opinioni dei partecipanti sull'azienda scelta (Cadbury) per questo studio. In questo modo, si dovrebbe contribuire a fornire indicazioni su come viene creato il valore per Cadbury, in termini di cosa sta facendo bene e come può migliorare la sua presenza online. Tuttavia, le risposte del sondaggio utilizzato in questo lavoro hanno fornito i risultati desiderati, ovvero gli indicatori di quali sono i prerequisiti importanti per capire quali fattori sono importanti da considerare per incorporare efficacemente i social media come strumento di marketing all'interno di un'azienda. Inoltre, uno dei principali svantaggi del porre un maggior numero di domande è quello di creare un sondaggio difficile, macchinoso e più lungo da compilare e di avere potenzialmente un maggior numero di risposte incomplete, soprattutto quando non ci sono ricompense per la partecipazione al sondaggio.

Quindi, anche se c'è sempre spazio per i miglioramenti, i risultati del sondaggio si sono dimostrati adeguati per capire quali sono i prerequisiti importanti per comprendere le opportunità che i social media offrono, per avere successo quando li si incorpora come strumento di marketing all'interno di un'azienda. Tutte le 21 domande incluse nel sondaggio utilizzato in questo lavoro saranno presentate singolarmente di seguito, spiegando perché sono state scelte per essere incluse nel sondaggio e quali informazioni si sperava di ottenere ponendo la domanda.

Motivazione delle domande incluse nell'indagine

Domanda 1: *"Con quale frequenza utilizza i siti di social media?".*

I siti di social media offrono agli individui l'opportunità di presentarsi e di entrare in contatto con persone esistenti e nuove online. Pertanto, questa domanda cerca di esaminare la regolarità con cui i partecipanti visitano diversi siti di social media, al fine di determinare il comportamento comunicativo, come la selezione e l'uso dei media.

Domanda 2: *"Quali piattaforme utilizza più regolarmente per accedere ai suoi account di social media?".*

"....la crescente maturità dell'industria della telefonia mobile ha sostanzialmente cambiato la tradizionale catena del valore integrata verticalmente in una rete del valore" (Pousttchi & Hufenbach 2011: p.299). Ciò suggerisce che la crescente crescita della tecnologia digitale è un fattore importante che ha trasformato il metodo di comunicazione all'interno delle aziende. Questa domanda voleva indagare su come i partecipanti accedono ai loro account sui social media, in modo da fornire indicazioni su quale piattaforma fornisca i mezzi di comunicazione più efficaci per le aziende.

Domanda 3: *Qual è lo scopo principale per cui visita il sito di social media preferito?*

Lo scopo principale di questa domanda è identificare le motivazioni che spingono i partecipanti a visitare i siti di social media. Le motivazioni sono definite da Papacharissi e Mendelson come le "disposizioni generali presenti che influenzano le azioni intraprese dalle persone per soddisfare un bisogno o un desiderio e il comportamento" (Papacharissi & Mendelson: p.12).

Domanda 4: *Se foste interessati a seguire un'azienda (ad esempio un marchio di consumo) o i suoi prodotti/servizi, come interagireste con loro sui social media?*

L'idea alla base di questa domanda era quella di indagare su come i partecipanti, o più specificamente i clienti, interagiscono con le aziende.

Domanda 5: *Quanto tempo trascorre su Facebook in un giorno?*

Questa domanda vuole semplicemente indagare quanto tempo in media i partecipanti trascorrono su Facebook.

Domanda 6: *Seguite qualche azienda su Facebook?*

La domanda è stata posta per verificare quanti partecipanti seguono l'azienda scelta per questo studio tra le varie aziende seguite dai partecipanti. Questo dovrebbe aiutare a identificare se i partecipanti fanno parte del gruppo di persone che "seguono" l'azienda scelta per questo studio (Cadbury) sulla loro piattaforma di social media come Facebook.

Domanda 7: *Le piace qualche azienda su Facebook?*

Questa domanda è stata posta per un motivo simile a quello della domanda 6, ma con un obiettivo diverso: scoprire quanti partecipanti apprezzano l'azienda scelta (Cadbury) per questo studio tra le varie aziende che piacciono ai partecipanti. Questo dovrebbe aiutare a capire se i partecipanti fanno parte del gruppo di persone a cui piace Cadbury su Facebook.

Domanda 8: Quali aziende segue?

Questa domanda cerca semplicemente di capire se i partecipanti seguono l'azienda scelta per questo studio (Cadbury), tra le altre aziende che seguono e quanti dei partecipanti allo studio seguono Cadbury.

Domanda 9: *Quali aziende le piacciono?*

Questa domanda vuole indagare se i partecipanti *"apprezzano"* l'azienda scelta (Cadbury) tra le altre aziende che *"apprezzano"*, e quanti dei partecipanti allo studio *"apprezzano"* Cadbury.

Domanda 10: *Perché seguite un'azienda?*

Secondo Hoyer, Chandy, Dorotic, Krafft e Singh (2010), "la tecnologia ha fornito ai consumatori l'accesso a quantità illimitate di informazioni e la possibilità di comunicare con altri consumatori e aziende in qualsiasi parte del mondo" (Hoyer, Chandy, Dorotic, Krafft, Singh: p.283). Di conseguenza, i clienti hanno più potere del solito e quindi aumenta il loro ruolo nel processo di scambio con le aziende. Pertanto, questa domanda cerca di indagare come i clienti influenzano e ottengono una situazione "win-win" quando "seguono" un'azienda. In questo modo, si dovrebbe contribuire a fornire indicazioni su come Cadbury dovrebbe coinvolgere e conquistare nuovi fan che la "seguano" su tutte le sue piattaforme di social media.

Domanda 11: *Perché le piace un'azienda?*

Il ragionamento che sta alla base di questa domanda è lo stesso della domanda 10.

Domanda 12: *Avete mai postato su una bacheca Facebook o un forum di discussione aziendale?*

Questa domanda è stata inserita per capire in quale categoria rientrano i partecipanti, ad esempio se sono semplici spettatori o completamente inattivi. Questo dovrebbe aiutare a determinare quali partecipanti/clienti sono realmente attivi sui social media.

Domanda 13: *Se vedesse un concorso sui social media di un marchio di consumo, quale premio la attirerebbe di più?*

Questa domanda cerca di indagare ciò che attira l'attenzione dei partecipanti, ma vuole anche ribadire ciò che coinvolge maggiormente gli utenti online.

Domanda 14: *Twitta?*

Questa domanda vuole semplicemente indagare il comportamento dei partecipanti su Twitter.

Domanda 15: *Cosa segue su Twitter?*

L'idea alla base di questa domanda era quella di indagare su come i partecipanti formano un'interazione sociale mentre sono su Twitter.

Domanda 16: *Con quale frequenza consulta i social media sul suo dispositivo mobile?*

L'inclusione di questa domanda nel sondaggio ha lo scopo di sottolineare come anche i telefoni cellulari abbiano contribuito alla trasformazione delle modalità di distribuzione, riorganizzazione e trasmissione delle informazioni.

Domanda 17: *Scrivete regolarmente sul blog?*

Questa domanda è stata inserita con l'intento di aiutare a identificare il numero di partecipanti che scrivono frequentemente sui blog.

Domanda 18: *Quali siti di blogging utilizza abitualmente?*

La domanda cerca di individuare i siti di blogging comunemente utilizzati dai partecipanti, con la speranza di identificare il sito di blogging più popolare, tra le varie opzioni fornite dai partecipanti.

Domanda 19: *Perché scrivi sul blog?*

Questa domanda indaga sulle motivazioni che spingono i partecipanti a scrivere sui blog.

Domanda 20: *Ha mai scritto un blog dal punto di vista del consumatore?*

Il motivo di questa domanda è di identificare se i partecipanti interagiscono attivamente con le aziende pubblicando commenti e recensioni sui loro prodotti o servizi.

Domanda 21: *Cosa non le piace dei social media?*

La domanda cerca di indagare le limitazioni che i social media hanno, fornendo così spunti per capire quali sono le sfide che si presentano quando le aziende incorporano i social media.

Capitolo 3. Raccolta di dati secondari - Revisione della letteratura

L'analisi della letteratura condotta durante la stesura di questo documento è stata effettuata attraverso una ricerca di articoli scientifici pertinenti su banche dati on-line e libri. L'obiettivo di questa ricerca è stato principalmente quello di esplorare quali e quanti contributi sono stati apportati all'argomento trattato nel presente documento, nonché di trovare articoli e libri accademici con aree di ricerca simili.

Esistono numerosi articoli e studiosi che hanno esaminato il concetto di usabilità dei social media in molti contesti diversi, come la sorveglianza, il controllo, la privacy ecc. Ad esempio, si tratta dell'interattività e dell'interazione, dei problemi di privacy, della crescita e dell'enorme opportunità di accedere a informazioni preziose di prima mano e in tempo reale. Tuttavia, ci si è resi conto molto presto che la crescita dei social media e della tecnologia digitale è enorme e che è necessario che le aziende la coinvolgano nelle loro pratiche aziendali per condividere i benefici delle opportunità che presenta. È stato quindi utile prendere in considerazione alcuni autori particolari che forniscono argomenti relativi che servono come base per diversi concetti discussi in questo documento.

Inoltre, è stato scelto di incorporare anche l'articolo di Papacharissi sulla combinazione della prospettiva degli usi e delle gratificazioni con elementi dell'approccio delle reti sociali. Il motivo alla base della decisione è stato fondamentalmente l'interesse di indagare sul perché le persone utilizzano Internet e i social media, e su quanto spesso gli individui utilizzino i media e i loro contenuti per soddisfare necessità sentite. La teoria degli usi e della gratificazione è un approccio psicologico ed è stata esaminata in modo approfondito da studiosi come Papacharissi e altri come Katz, Blumler e Rubin. Inoltre, l'emergere delle tecnologie digitali e dei social media ha reso possibile a una persona di disporre di una piattaforma per comunicare, potenzialmente con milioni di altre persone in tutto il mondo, sui prodotti e sulle aziende che li forniscono. Ciò è possibile grazie a piattaforme mediatiche su larga scala che offrono una scala di clienti auto-selezionati, desiderosi di condividere contenuti, notizie, ricordi e raccomandazioni sulle aziende e sui loro prodotti. Inoltre, ciò consente di targettizzare questi clienti sulla base delle loro preferenze e dei loro comportamenti effettivi. In questo modo, per le aziende non è quasi più un'opzione commercializzarsi online e attraverso i social media, in quanto diventano una necessità per gli utenti e altri potenziali membri del pubblico. Diventando una necessità, le aziende sono in grado di aumentare la consapevolezza del proprio marchio e di creare una fedeltà al marchio di grande impatto con i propri utenti.

In questa letteratura rientrano anche le ricerche di studiosi come Li e Bernoff. Questi studiosi suddividono i social media in sei categorie e spiegano l'attualità dell'incorporazione dei social media da parte delle aziende. Inoltre, vengono esplorate e chiarite le migliori pratiche delle campagne di marketing virale. Infine, le migliori pratiche dei social media vengono trasmesse per aiutare le aziende a diventare un desiderio o un'esigenza.

Teoria degli usi e delle gratificazioni

La teoria degli usi e delle gratificazioni aiuta a descrivere e a comprendere gli usi e le conseguenze di Internet e dei media da parte di un individuo. Nonostante questa teoria sia stata originariamente sviluppata per comprendere i media sotto forma di televisione, la prospettiva U&G è stata rivista dagli studiosi ed è applicabile anche alla comprensione dei social media. Come riassunto da Papacharissi attraverso i suoi "aggiustamenti teorici" e "concettuali", la teoria contemporanea degli usi e delle gratificazioni si occupa di:

(a) "il comportamento comunicativo, compresa la selezione e l'uso dei media, è diretto all'obiettivo, mirato e motivato"; (b) "le persone prendono l'iniziativa di selezionare e usare i veicoli di comunicazione per soddisfare bisogni o desideri sentiti"; (c) "una serie di fattori sociali e psicologici mediano il comportamento comunicativo delle persone"; (d) "i media competono con altre forme di comunicazione (cioè alternative funzionali) per la selezione, l'attenzione e l'uso per soddisfare i nostri bisogni e desideri"; (e) "le persone sono tipicamente più influenti dei media che non sempre" (Zizi Papacharissi), alternative funzionali) per la selezione, l'attenzione e l'uso per soddisfare i nostri bisogni e desideri"; (e) "le persone sono tipicamente più influenti dei media nella relazione, ma non sempre" (Zizi Papacharissi, p. 3).

In sintesi, la teoria degli usi e delle gratificazioni studia come gli individui utilizzano i media da un punto di vista psicologico. I cinque fondamenti teorici presenti in questo modello sono spiegati come segue:

I media sono presentati in un modo ideale che è diretto e utilizzato da ciò che i media offrono al pubblico.

1. L'esperienza mediatica è diretta e consumata in base a ciò che offre al pubblico di riferimento.

2. L'individuo sceglie la modalità di comunicazione più adatta alle proprie esigenze e/o aspettative.

3. I media competono con altre fonti di soddisfazione dei bisogni, sociali o psicologici.

4. Gli individui possono individuare ed esporre i loro interessi e le loro motivazioni in casi specifici.

5. Gli individui possono talvolta essere più influenti dei media, ma non sempre.

Il consumo dei media si basa su diversi elementi essenziali e tre capacità principali sono al centro dell'attenzione. Esse comprendono: gestione della comunità, sviluppo di contenuti e analisi in tempo reale, che consentono alle aziende di sviluppare connessioni potenti, dirette e multipiattaforma con i consumatori che desiderano impegnarsi con il marchio (Christopher Vollmer & Karen Premo, 2011). Le gratificazioni possono essere ottenute attraverso le tre fonti sopra citate.

Gli studiosi Anabel Quan-Haase e Alyson L. Young hanno identificato le fonti di gratificazione per l'uso di Internet tra gli individui nel loro studio comparativo del 2010 su Facebook e la messaggistica istantanea. I loro risultati hanno concluso che Facebook serve a divertirsi e a conoscere le attività sociali che si svolgono nella propria rete sociale, mentre la messaggistica istantanea è più orientata al mantenimento e allo sviluppo delle relazioni.

L'uso di Internet per la socializzazione è stato un fattore molto enfatizzato nella loro analisi ed è associato al miglioramento delle relazioni interpersonali. I risultati di questo aspetto identificano l'uso di Internet come metodo di comunicazione. Nel 2010, i siti di social network erano già stati ampiamente adottati dagli utenti di Internet.

L'onda d'urto

Senza dubbio i siti di social network hanno conosciuto un'enorme crescita online attraverso Internet, con un particolare incremento negli ultimi tempi, catturando l'attenzione degli utenti di Internet su scala globale. Con le piattaforme che cambiano ogni giorno, c'è la possibilità che ciò che viene utilizzato oggi possa non essere più disponibile domani. Considerando i milioni di utenti che interagiscono e si impegnano quotidianamente nell'esperienza online, non sorprende che le aziende abbiano iniziato a utilizzare i siti di social network per comunicare, sviluppare relazioni e presentarsi al proprio pubblico di riferimento. Con esperienze online ricche di contenuti che coinvolgono milioni di fan e clienti interessati, marchi importanti come Nike, Coca-Cola, Procter & Gamble e Burberry, solo per citarne alcuni, sono tra le aziende affidabili che hanno iniziato a utilizzare i siti di social media nelle loro pratiche di marketing per favorire la comunicazione e il rapporto con i clienti. Le aziende citate e altre devono stare attente a quali reti si connettono bene con quale pubblico. Molti utenti accedono ai profili delle aziende sui social network in modi diversi per soddisfare le proprie esigenze. I profili di Cadbury su Facebook, Twitter, Google Plus e YouTube includono commenti con recensioni di prodotti e racconti personali di esperienze di servizio dei consumatori. A volte, i profili dei SNS hanno la possibilità di essere più influenti dei media stessi.

È utile notare che molte aziende, se non tutte, sono vulnerabili quando si tratta di social media. Aziende come Nike e Coca-Cola stanno prosperando alla luce dei social media e traggono enormi vantaggi da questa tendenza attuale. Charlene Li e Josh Bernoff illustrano nel loro libro i vari mezzi di comunicazione sociale e come comunicare su ciascuno di essi.

Diverse cose possono cambiare sui siti di social network, ma qualcosa che non cambia mai è il modo in cui i clienti vengono comunicati e raggiunti. *"Groundswell: Winning in what a World Transformed by Social Technologies"*, di Charlene Li e Josh Bernoff, chiarisce cosa i social media possono fare per un'azienda: male o bene, e propone anche consigli strategici per le aziende che incorporano varie piattaforme di social media. Fornisce le basi per costruire una presenza online efficace.

Li e Bernoff definiscono il "groundswell" come "una tendenza sociale in cui le persone usano le tecnologie per ottenere le cose di cui hanno bisogno gli uni dagli altri, piuttosto che dalle istituzioni tradizionali come le aziende" (Li e Bernoff 2008: p.9).

Il pericolo maggiore rappresentato dal groundswell per molte aziende è che non è regolamentato. I clienti, i fan e le altre aziende sono liberi di esprimere qualsiasi emozione nei confronti di un marchio, di un servizio o di un prodotto. Questo può da solo servire come titolo di una notizia trasmessa in TV o altrove. Questo porta a un disastro di relazioni pubbliche per qualsiasi azienda, anche se le accuse hanno una causa legittima. Molti commenti sono critiche aspre rivolte a un'azienda che a volte comportano un uso improprio del linguaggio e rimangono per sempre su Internet.

Un altro pericolo è la minaccia di una dinamica di potere all'interno dell'azienda. Con le interazioni sociali in grande stile e la tecnologia che funge da cuscinetto, gli individui stanno diventando sempre più potenti grazie al fatto di essere "quasi sempre connessi" online e offline. Tuttavia, è utile notare che i clienti si affidano l'uno all'altro per ottenere informazioni attraverso Internet e molti ottengono feedback da altri prima di acquistare un prodotto, investire in una proprietà, dare un'interpretazione del marchio di un'azienda e persino discutere la comunicazione interna delle regole all'interno di un'azienda.

Ci sono tuttavia degli aspetti positivi, tra cui la creazione e il mantenimento di un rapporto con i clienti e l'acquisizione di nuovi clienti nel processo. Le vie di comunicazione vengono lasciate completamente aperte, dando all'azienda e al cliente la possibilità di interagire da vicino. Un altro vantaggio dei social media è rappresentato dai risultati in tempo reale che fornisce e che, invece, un sondaggio impiegherebbe settimane e talvolta mesi per raccogliere.

Molte piattaforme hanno un costo minimo o nullo, il che è un ulteriore vantaggio. La partecipazione e l'impegno sui social media sono fondamentali per il successo e una buona comunicazione con il pubblico di riferimento di un'azienda può migliorare il posizionamento del marchio e i clienti impegnati.

Li e Bernoff definiscono gli utenti dei social media in sei categorie con il loro profilo socio-tecnologico:

Creatori: Questi individui sono in cima alla scala delle tecnologie sociali. Questo è il risultato della loro partecipazione attiva attraverso la scrittura e la pubblicazione di articoli e storie online, ecc.

Critici: I critici rispondono ai contenuti online disponibili facendo commenti su blog e forum online (ad esempio, chat room, YouTube), fornendo valutazioni o recensioni e modificando i wiki.

Collezionisti: Salvare URL e tag sui siti di social-bookmarking, votare su siti come Digg o utilizzare i feed RSS.

Partecipanti: Gli individui considerati "joiners" partecipano regolarmente o mantengono profili su siti di social networking come Facebook e MySpace, tra gli altri.

Spettatori: Essere uno spettatore richiede uno sforzo considerevolmente ridotto: gli individui di questa categoria "consumano ciò che gli altri producono", compresi blog, video online e recensioni.

Inattivi: Questi individui sono letteralmente come sembrano, sono "non partecipanti" all'interno del movimento.

Le aziende che partecipano ai social media utilizzano prevalentemente canali YouTube, Facebook, blog e Twitter. I membri del pubblico possono determinare la piattaforma o le piattaforme che un'azienda può utilizzare. I siti di social network sono utili per organizzare concorsi, avviare conversazioni, tenere aggiornato il pubblico sugli sviluppi dell'azienda, diffondere nuovi prodotti e avere una presenza online. Avere una presenza attiva su molti siti di social networking permette alle aziende di relazionarsi con un pubblico più che sufficiente e di connettersi con i membri dei profili tecnologici del social network. Esistono diversi siti di social network di primo piano che le aziende utilizzano per comunicare con il proprio pubblico. Sebbene esistano diversi gruppi di pubblico attivi su diversi siti di social network, tuttavia Facebook, Twitter e YouTube sono piattaforme comunemente utilizzate dalle aziende per comunicare con il proprio pubblico.

Co-creazione

"L'opportunità di creare valore economico attraverso la creazione di valore sociale sarà una delle forze più potenti che guideranno la crescita dell'economia globale (Porter e Kramer 2011:p.15)".

In un'economia globale in cui l'avanzamento tecnologico sta portando alla consapevolezza dei clienti, ma anche alla loro responsabilizzazione grazie alla crescente quantità di informazioni accessibili ai clienti, che consente loro di scambiare beni e servizi sulla base della condivisione delle informazioni. Di conseguenza, è impossibile per le aziende creare valore economico senza includere tutti gli stakeholder (soprattutto i clienti), prestando molta attenzione ai loro interessi e alle loro esigenze. La citazione di cui sopra è stata tratta da un articolo scritto da Porter & Kramer (2011), in cui viene discussa l'importanza per tutti gli attori di creare un valore condiviso. L'argomentazione centrale dell'articolo è che i vantaggi dell'economia globale arrivano solo alle aziende che creano valore per e con i loro clienti e la loro società, piuttosto che concentrarsi esclusivamente su attività incentrate sull'azienda e lavorare contro la collaborazione.

L'idea del vantaggio economico che deriva dalle aziende impegnate nella creazione di valore condiviso sottolinea i punti che verranno trattati in questa sezione del documento. Anche se la creazione di valore sociale attraverso azioni rispettose dell'ambiente è forse un fattore che alcune aziende possono permettersi di trascurare, non verrà discusso in questo articolo. Tuttavia, questa sezione del documento considera le possibilità di creare valore economico collaborando con i clienti.

La co-creazione di valore da parte dei clienti è nata dall'idea che il valore è mancato per molte aziende che non hanno ancora riconosciuto i vantaggi economici derivanti da un rapporto più stretto con i clienti.

Il mondo si è evoluto, è cambiato e sta cambiando, e il modo in cui vediamo il mercato commerciale oggi è molto diverso da come lo avremmo visto un secolo fa. Con il tempo, il ruolo e gli aspetti mutevoli delle aziende e dei clienti si sono modificati e il cliente è passato dall'essere sottomesso a diventare un partecipante attivo e potente. Pertanto, nel mercato odierno, i clienti possono scegliere di svolgere il ruolo di comunicatore, concorrente o collaboratore, a seconda dei loro desideri. In un ambiente commerciale in via di sviluppo, con una maggiore globalizzazione, il progresso tecnologico e l'interazione disponibile attraverso la presenza online, non solo il ruolo dei clienti è cambiato, ma anche quello delle aziende. Da un ambiente in cui "l'impresa e il consumatore avevano ruoli distinti di produzione e consumo (Prahalad & Ramaswamy 2004:p.6)", le aziende si trovano ora in un ambiente che viene visto come un insieme di conversazioni tra il cliente e l'azienda.

L'aspetto interessante della co-creazione di valore da parte del cliente è che si è sviluppata a partire dal concetto che l'ambiente commerciale è in evoluzione. Per sopravvivere, le aziende devono essere flessibili e adattarsi alla situazione attuale, identificando il modo in cui possono creare un vantaggio competitivo e di redditività.

Campagne di marketing virale

Sebbene gran parte di questo documento si concentri su come i nuovi media abbiano trasformato i metodi di marketing, dove le vecchie regole del marketing non sono più ammesse. Cadbury, oltre a creare e ad avere un'appassionata base di fan per il suo marchio online, deve anche riconoscere che il potere di Internet rende più facile per le persone innamorarsi del suo marchio molto più velocemente. Questo è ciò a cui si riferisce Geoffrey J. Simmons quando dice che la natura globale e la facilità di comunicazione online rendono Internet un potente strumento di marketing virale (Simmons 2007:p.551), il che significa che Internet è particolarmente vitale per diventare virale.

Il marketing virale è un aspetto importante e utile del marketing; è utile per migliorare la sponsorizzazione del marchio ma anche per aumentarne la consapevolezza. In altre parole, il successo del marketing virale deriva dall'autopubblicazione di contenuti Web che le persone vogliono condividere. Non si tratta di espedienti. Non si tratta di pagare un'agenzia per interrompere gli altri. Si tratta di sfruttare il passaparola, la forma di marketing più potente che esista (David Meerman Scott 2008:p.9).

Allo stesso modo altri, tra cui Kirby e Marsden, hanno delineato tre fattori chiave che aumentano le probabilità di successo di una campagna di marketing virale:

- Pianificazione strategica specializzata per garantire che il marketing virale venga utilizzato per ottenere benefici tangibili, misurabili e continui per il marchio.

• Materiale appropriato con fattore "wow" che gli utenti vogliono cercare, parlare e trasmettere di loro spontanea volontà.

• L'appropriata semina specializzata della storia di buzz e dell'agente virale in luoghi in cui si riuniscono già influencer virali e di marca (Kirby & Marsden 2006:p.96 & 97).

È importante notare che i fattori sollevati dai suddetti studiosi possono avere un impatto, ma non garantire il successo di una campagna di marketing virale. I fattori sollevati da David Meerman Scott e Kirby e Marsden si riferiscono strettamente ai modelli di uso e soddisfazione, altrimenti noti come teoria delle gratificazioni, secondo cui gli utenti si impegnano in interazioni sociali e desiderano trovare informazioni su argomenti specifici, individui o marchi. Il marketing virale offre inoltre a un'azienda l'opportunità di promuoversi in modo positivo, ovvero di rendere memorabile il proprio messaggio.

In una Digital Marketing Series sostenuta da HubSpot, Lauren Drell di Mashable illustra nove consigli per il marketing digitale nel suo articolo sul sito web del blog:

1. Essere umani.

È importante partecipare alla conversazione, ma non controllare nulla. Inoltre, è importante sviluppare una tendenza con il proprio pubblico. Se diverse persone pubblicano commenti su un prodotto dalla stessa pagina nello stesso account, questo può avvenire.

2. Sapere cosa si vuole.

Stabilire obiettivi e finalità prima di lanciarsi nei social media è una scelta saggia. Volete misurare il sentiment o il numero di commenti, tweet e follower?

3. Ascoltare e rispondere.

Non c'è niente di più irritante per i clienti quando fanno domande senza ricevere risposta. È importante mantenere il contatto con gli utenti sia sui social media che al di fuori di essi.

4. Diversificate e ritmate i vostri contenuti.

Individuare cosa postare non dovrebbe essere un problema. Essere attenti a ciò che i vostri follower condividono e discutono dovrebbe aiutare a creare interazioni e pubblicità per conto dell'azienda. Inoltre, è importante accelerare i contenuti, come scrive Lauren Drell: "Nessuno vuole sentirsi dire da un marchio più di quanto non voglia sentirsi dire dai propri amici o familiari".

5. Inserite voi stessi nella conversazione.

Concentratevi sulle informazioni relative alla vostra azienda. Se succede qualcosa di interessante, ad esempio una nuova campagna, vale la pena condividerla! La conversazione interattiva tra l'azienda e i suoi follower sviluppa una relazione, oltre ad aumentare la credibilità del marchio.

6. Ottenere un feedback in tempo reale.

Trasmettere informazioni ai posti giusti può essere estremamente utile. Questo può aiutare il team di marketing a decidere cosa sta creando un "buzz". Inoltre, i social media possono essere monitorati per individuare i modelli di crescita. Gli utenti sono coinvolti? Gli account si stanno popolando di fan/follower?

7. Conoscere il proprio pubblico.

Per la maggior parte delle aziende, i pubblici sono diversi. La familiarità con il pubblico è importante per creare una presenza online duratura. Per le grandi aziende, è importante anche sapere chi e dove si trova il vostro pubblico. Assicurarsi che tutti gli utenti possano beneficiare dei contenuti pubblicati.

8. Conoscere le piattaforme.

Tutte le piattaforme di social media non sono intercambiabili, hanno scopi diversi e sono tutte ugualmente diverse.

9. Creare un'esperienza incentrata sull'utente.

Il marketing è passato dal tradizionale metodo unidirezionale a un nuovo metodo più dinamico. I marchi sono ora in grado di impegnarsi attivamente nelle conversazioni con i clienti. La presenza online e offline sui desideri e le esigenze dei clienti dovrebbe essere il fulcro di ogni marchio. Gli utenti che ritwittano i tweet, invitano gli amici a diventare follower del vostro marchio su YouTube, Facebook e Google+, per citarne alcuni, diventano ambasciatori del marchio per la vostra azienda. Utenti come questi dovrebbero essere riconosciuti.

Capitolo 4. Cadbury: La storia

Cadbury fu fondata quasi 200 anni fa da John Cadbury al 93 di Bull street, Birmingham, negli anni '30 del XIX secolo. Tra il 1830 e l'inizio del 1900, Cadbury crebbe rapidamente costruendo cottage, acquistando acri di terreno e acquisendo nuove gamme di prodotti come il cioccolato al latte Cadbury. All'inizio del 1900, Cadbury iniziò a impegnarsi nella pubblicità esterna e sulla stampa, producendo alcune delle più belle pubblicità di questo periodo. Nel 1905 Cadbury commissionò il primo logo Cadbury.

Campagne di marketing passate

Come spiegato in precedenza, Cadbury ha recentemente creato una campagna sui social media chiamata "Cadbury House experience", in cui ha sfruttato dwinQ per un'esperienza iper-sociale in occasione dei giochi di Londra del 2012, inviando parte del suo personale a lavorare con dwinQ per creare un'esperienza interattiva sui social media, in occasione della sua presenza ai giochi di Londra. L'evento si è svolto nella Cadbury House di Hyde Park a Londra. Il team ha utilizzato diverse piattaforme di social media come Facebook, YouTube e Newsfeed per documentare il viaggio e rivelare ciò che rende felici le persone di tutto il mondo.

Cadbury ha anche lanciato diverse quantità dei suoi prodotti attraverso i social media (ad esempio la pagina Facebook, Twitter e Google Plus); i prodotti includono le barrette Cadbury Dairy milk, i Toffee Popcorn e i Golden Biscuit Crunch. Inoltre, secondo Sarah Shearman, Cadbury ha anche acquistato un trend promozionale chiamato "#newcadburydairymilk" per pubblicizzare specificamente le barrette sopra citate.

Cadbury ha avuto un impatto reale in termini di social media marketing, ma anche con la possibilità di estenderlo ulteriormente. Questo documento illustrerà come Cadbury sia in grado di rimanere in cima alla lista quando si tratta di marketing digitale. Probabilmente, e forse grazie ai fatti trattati in questo articolo, Cadbury è diventata una necessità e un desiderio per molti utenti di Internet e non solo. Gli stessi utenti ora cercano volontariamente Cadbury su varie piattaforme e sono diventati ambasciatori del marchio dell'azienda su scala globale.

Cadbury e i social media

"La crescita sui social è stata organica, ma come marchio di beni di largo consumo puntiamo tutto sulla scala, sul raggiungere milioni di persone e questo è difficile da fare senza avere un certo livello di media su Twitter".

Jerry Daykin,

Responsabile dei social media e della comunità presso Cadbury London 2012.

Istantanea della presenza sui social media

Cadbury è presente su diverse piattaforme di social media. Sul sito web dell'azienda sono presenti link che portano l'osservatore ai singoli siti di social network con cui l'azienda è impegnata.

Di recente la homepage presenta dei "pulsanti" che collegano gli spettatori ai profili di Cadbury su Google+, Twitter e Facebook.

Fan, amici e follower*

Google Plus: 3.070.865 "Farli girare"

1.997 "Nei loro circoli"

Twitter: 168.851 "Seguaci"

5.333 "A seguire"

21.911 "Tweet"

Facebook: 468.594 "Mi piace"

14.276 "Parlando di questo"

YouTube: Iscritto il 22 giugno 2008

1.399 abbonati

1.486.061 Visualizzazioni del canale

Le statistiche sono accurate al 13 ottobre 2013. I conteggi crescono ogni giorno e si consiglia di leggere i nuovi dati.

I commenti su Twitter, Facebook e Google+ sono molto colloquiali, interattivi e raramente hanno un'atmosfera pubblicitaria. Sul sito Google Plus di Cadbury si nota in particolare un elemento di comunità condivisa. L'interazione tramite YouTube è regolare; i nuovi video vengono aggiornati spesso. Su Facebook, ad esempio, Cadbury cerca di ridurre gli effetti dell'ambiente non regolamentato del groundswell creando delle "Regole della casa" per coloro che desiderano comunicare con Cadbury sulla pagina:

https://www.facebook.com/CadburyUK/info

(Regole della casa Cadbury UK)

- Nel periodo che precede Londra 2012, Cadbury è impegnata a giocare e a tenere alto il livello del Team GB. Qui su Facebook vogliamo assicurarci che tutti giochino bene, si rispettino a vicenda e comprendano le linee guida sulla partecipazione alle attività di questa pagina.

Sempre più aziende iniziano a implementare politiche sui social media all'interno della propria organizzazione per monitorare l'uso dei dipendenti, ma anche per regolamentare esternamente lo spam, i contenuti offensivi e le "conversazioni fuori tema", come dice Cadbury nelle sue "House Rules", per coloro che desiderano interagire con loro sulla loro pagina fan di Google Plus.

Di seguito è riportata l'attività di Cadbury sui social media negli ultimi anni. Dal 2011, ad esempio, Cadbury ha registrato una forte crescita su tutti i suoi canali di social media: Facebook si è riempito di "mi piace" e "follower" ogni giorno, lo stesso si può dire di Twitter e forse ancora di più della sua pagina Google plus. Con contenuti accattivanti, conversazioni esclusivamente coinvolgenti e una promozione attiva, l'attività di Cadbury su Google+ si connette con oltre 1,2 milioni di persone.

Una giornata sui social media

Informazioni su Cadbury	Informazioni su Google+
• Fondata nel 1824	Google+ porta i vantaggi delle raccomandazioni personali

• Di proprietà di Kraft Foods • Uno dei nomi più importanti al mondo in cioccolato • Sede centrale a Bournville, Birmingham, Regno Unito	nella ricerca e negli annunci di Google, fornendo raccomandazioni quando le persone ne hanno più bisogno e facilitando l'avvio di conversazioni con coloro che hanno a cuore il vostro marchio. Il collegamento del vostro sito alla vostra pagina unifica i vostri +1 attraverso la ricerca, gli annunci, la vostra pagina Google+ e la vostra homepage. Le pagine Google+ vi permettono di condividere i vostri contenuti con un nuovo pubblico e di entrare in contatto con loro in modi più coinvolgenti. *Per saperne di più sulle Pagine Google+, visitate www. google. com/+/business*
"Abbiamo effettuato ricerche su Google+ per un bel po' di tempo prima del lancio delle nostre pagine. e ogni giorno abbiamo visto che la gente parlava di Cadbury, del cioccolato e della Olimpiadi. Quindi c'era già una piattaforma dove si svolgevano conversazioni rilevanti per noi; siamo stati in grado di intervenire e di farne parte in modo positivo". *- Jerry Daykin, responsabile della comunità dei social media, Cadbury*	*"Una delle cose più interessanti di Google+ è che ogni giorno si accede e ci sono cose nuove e divertenti da provare. Come marketer, è sempre molto utile avere nuovi modi per comunicare e far passare il proprio messaggio".* *- Jerry Daykin, responsabile della comunità dei social media, Cadbury*
Risultati Attraverso Google+, i follower di Cadbury, I clic e il traffico sono in aumento: • Incremento dei follower di 150.000 unità grazie agli hangout • 10.000 nuovi follower al giorno grazie al badge • Aumento del 17% del CTR nelle campagne AdWords • Aumento del 7,5% del traffico da URL di Google • Ha contribuito a far sì che il Bubbly bar raggiungesse un fatturato di 8 milioni di sterline dal lancio del prodotto. In oltre 500 post, la pagina Google+ di Cadbury ha registrato metriche impressionanti: • Totale +1 sui post: 39,759	facebook https://www.facebook.com/CadburyUK Facebook: 468.594 "Mi piace" 14.276 "Parlando di questo" 245.000 "fan" *Fonte: Sarah Shearman.* ** Le statistiche sono accurate al 15 novembre 2013. I conteggi aumentano ogni giorno e si consiglia di leggere i nuovi dati.* https://twitter.com/CadburyUK 173.192 "Seguaci" 5.333 "A seguire"

• Media di +1 per post: 74.4 • Totale azioni: 11,243 • Media di condivisioni per post: 21.3 • Totale commenti: 18,182 • Media dei commenti per post: 34.5 • Il post più popolare: 495 commenti e 902 condivisioni	21.911 "Tweet" Cadbury UK Official Treat Provider to the London 2012 Olympic & Paralympic Gam... 525516
Tendenze di Twitter <u>Weather Underground</u> Notizie meteo quotidiane, curiosità, video e avvisi di The Weather Channel. #walefans #walefans Sono un'insegnante di quinta elementare. 25 anni; alumna di VSU e VCU RT @Wale: Cosa fai per vivere #walefans	-Cadbury dichiara di aver aggiunto 2,5 milioni di fan e follower ai suoi canali social media britannici su Facebook, Twitter e Google+, dedicati ai contenuti dei Giochi, dall'inizio dell'anno. *(Fonte:* http://www.marketingmagazine.co.uk/article/1147152/cad burys-olympic-sponsorship-leads-25m-social-media-fans)

Vic Gundotra originally shared this post

I'm a sucker for chocolate.

So when I received this package, of course I was willing to tell the world how much I love +Cadbury UK chocolate.

The personalized packaging was also a nice touch :-)

I don't think this is a paid advertisement as I've not had a single bite yet :-)

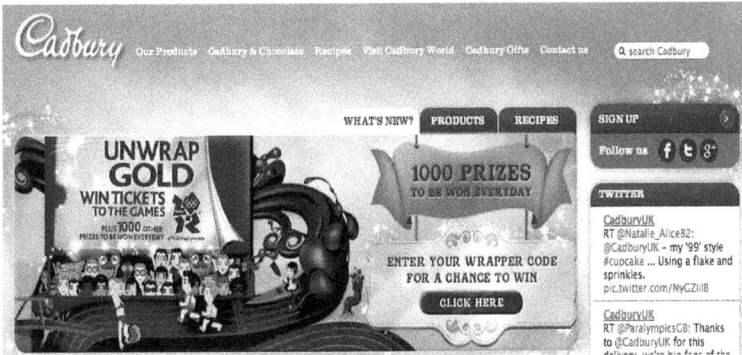

Google

cadbury unwrap gold

Search

About 102,000 results (0.33 seconds)

Everything

Images

Maps

Videos

Ad related to **cadbury unwrap gold**

Why this ad?

Unwrap Gold with Cadbury | home.**cadbury**.co.uk
home.cadbury.co.uk/
Enter your pack code for a chance to win 1000's of **Cadbury** prizes!
1,876 people +1'd Cadbury UK

Google

+cad

Cadbury UK plus.google.com
Official Treat Provider to the London 2012 Olympic & Paralympic Games.

cad**bury world**

cad**bury**

cad**ogan hall**

Sopra: Il badge di Google+ sulla homepage di Cadbury; le estensioni sociali migliorano i risultati di ricerca; la funzionalità direct connect al lavoro.

"L'**esperienza di Cadbury House**"

La descrizione dell'esperienza di Cadbury House è stata fatta sopra, ma sembra che questo sia solo un inizio per la presenza online e digitale di Cadbury, perché i media digitali e sociali sono ben collegati. La recente campagna di Cadbury sui social media è ancora all'inizio, perché sembra che ci siano altre domande a cui è necessario rispondere per approfondire il regno dei social media. Semplicemente perché l'azienda vuole raggiungere altri potenziali clienti oltre a quelli che ha già, e per poterlo fare deve affrontare le questioni relative alla comprensione dei social media e alla soddisfazione e alla convenienza per i suoi clienti.

Capitolo 5. Raccolta dei dati - Sondaggio tra i partecipanti sull'esperienza e l'uso dei social media

La rappresentazione dei dati raccolti dall'indagine per il presente lavoro avviene sotto forma di grafico, tranne che per la domanda 1, per la quale il ricercatore ha scelto di presentare i dati per questa particolare domanda concentrandosi principalmente su due criteri delle opzioni di risposta, ovvero "Tutti i giorni" e "La maggior parte dei giorni".

Domanda 1

Con quale frequenza utilizzate i siti di social media?

Un totale di 108 partecipanti su 150 ha risposto dicendo di usare Facebook ogni giorno. Rispetto a YouTube, 74 partecipanti hanno risposto che usano YouTube ogni giorno. Mentre zero partecipanti hanno risposto dicendo di usare MySpace, mentre in altri casi solo 4 partecipanti hanno risposto dicendo di usare LinkedIn. Questa variazione suggerisce che Facebook è il sito di social networking più popolare, che gli utenti online utilizzano per sviluppare e sostenere i legami sociali.

Domanda 2

Quali sono le piattaforme che utilizzate più regolarmente per accedere ai vostri account sui social media?

Il termine "Sì" è utilizzato per rappresentare le risposte dei partecipanti che hanno indicato quale/i piattaforma/e utilizzano abitualmente per accedere ai propri account sui social media. Mentre "No" è usato per rappresentare le risposte dei partecipanti che non hanno scelto una particolare piattaforma per accedere ai loro account sui social media.

I dati mostrano che 63 partecipanti accedono ai loro account di social media tramite PC/Mac, mentre 99 partecipanti hanno dichiarato di utilizzare un computer portatile, mentre 135 partecipanti accedono ai loro account di social media tramite telefono cellulare, ma solo 42 partecipanti accedono ai loro account di social media tramite Ipad o tablet, inoltre non ci sono partecipanti che utilizzano "altre" piattaforme per accedere ai loro account di social media.

In base alle cifre, è chiaro che i dispositivi mobili stanno diventando sempre più importanti nel campo della comunicazione.

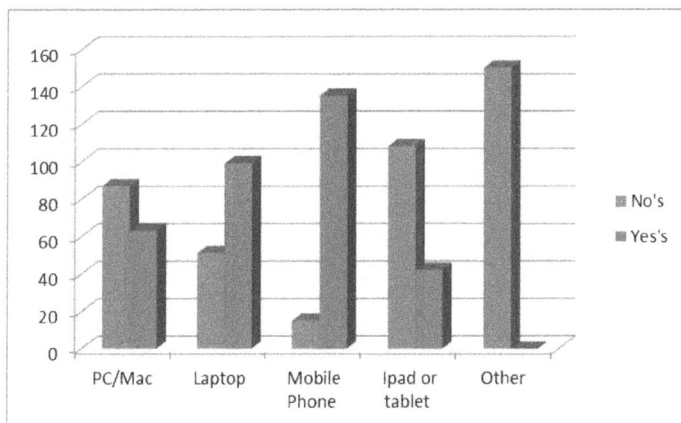

Domanda 3

Qual è lo scopo per cui visitate il vostro sito di social media preferito?

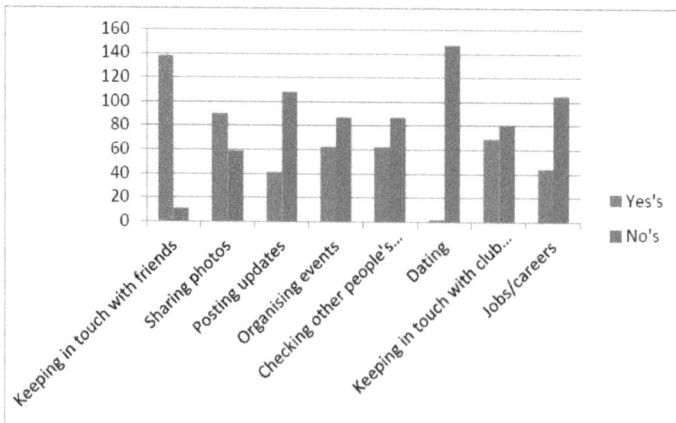

Il termine "Sì" è utilizzato per rappresentare i casi in cui i partecipanti hanno scelto di identificare una delle opzioni di cui sopra come lo scopo per cui visitano un sito di social media preferito. Mentre "No" è utilizzato per rappresentare le risposte dei partecipanti che non hanno scelto una particolare opzione di risposta per identificare lo scopo della loro visita a un particolare sito di social media.

I dati mostrano che 138 partecipanti su 150 hanno risposto che "tenersi in contatto con gli amici" era il loro scopo per visitare un sito di social media preferito, mentre 90 partecipanti hanno risposto che "condividere foto" era il loro scopo per visitare un sito di social media preferito. Inoltre, solo 41 partecipanti hanno risposto che "Postare aggiornamenti" era il loro scopo per visitare un sito di social media preferito, mentre 62 partecipanti hanno risposto che "Organizzare eventi" e "Controllare il profilo di altre persone" erano i loro scopi per visitare un sito di social media. Inoltre, solo due partecipanti hanno risposto che "Incontri" era il loro scopo per visitare un sito di social media preferito, mentre 69 partecipanti hanno risposto che "Tenersi in contatto con il club o la comunità" era il loro scopo per visitare un sito di social media preferito. Infine, 44 partecipanti hanno risposto che "Lavoro/carriera" era il loro scopo per visitare il sito di social media preferito.

Ciò che si può dire delle risposte dei partecipanti a questa domanda è che una buona parte dei partecipanti, così come altri utenti online, trova che i siti di social media come Facebook e Twitter siano un ambiente in cui mantenere relazioni con il proprio gruppo di amici e conoscenti, allo stesso modo in cui lo fanno offline.

Domanda 4

Se foste interessati a seguire un'azienda (ad esempio un marchio di consumo) o i suoi prodotti/servizi, come interagireste con loro sui social media?

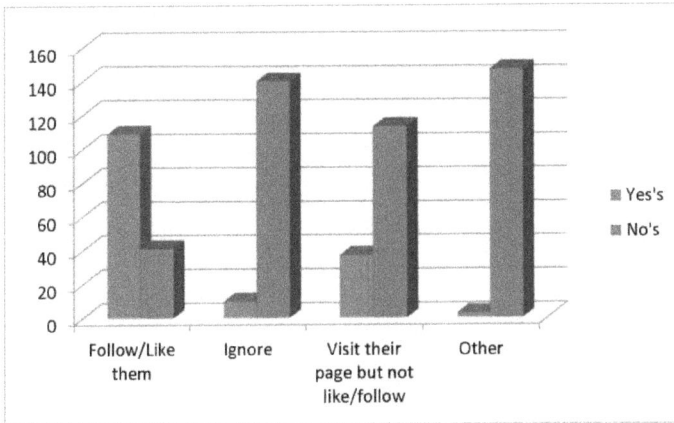

I dati mostrano che 109 partecipanti hanno dichiarato che "seguirli/amarli" è il loro modo di interagire con un'azienda che sono interessati a seguire. 10 partecipanti hanno risposto che "ignorare" è il loro modo di interagire con un'azienda che sono interessati a seguire. Mentre 37 partecipanti hanno risposto dicendo che si limitano a "visitare la loro pagina, ma non a mettere "mi piace"", e 3 partecipanti hanno risposto dicendo "altro": in questo caso hanno indicato che interagiscono con un'azienda che sono interessati a seguire tramite e-mail o messaggi personali.

*Una caratteristica importante che si rivela nelle risposte dei partecipanti a questa domanda è che i partecipanti allo studio, così come altri utenti online, vogliono semplicemente usare i social media per soddisfare i loro desideri e bisogni senza essere interrotti da molte pubblicità inutili dirette a loro.

Domanda 5

Quanto tempo trascorrete su Facebook in un giorno?

83 partecipanti hanno risposto dicendo di trascorrere meno di un'ora al giorno su Facebook. 51 partecipanti hanno dichiarato di trascorrere da una a tre ore al giorno su Facebook, mentre solo 8 partecipanti trascorrono da tre a sei ore su Facebook al giorno. Infine, solo 5 partecipanti trascorrono più di sei ore su Facebook al giorno.

Sulla base delle cifre riportate da tutti i partecipanti, si può affermare che ogni giorno si trascorrono in media 36,75 ore su Facebook. Ciò indica che molti utenti online trascorrono quotidianamente un'enorme quantità di tempo controllando le proprie pagine Facebook, inviando messaggi, pubblicando nuove foto, aggiornando i propri profili ecc.

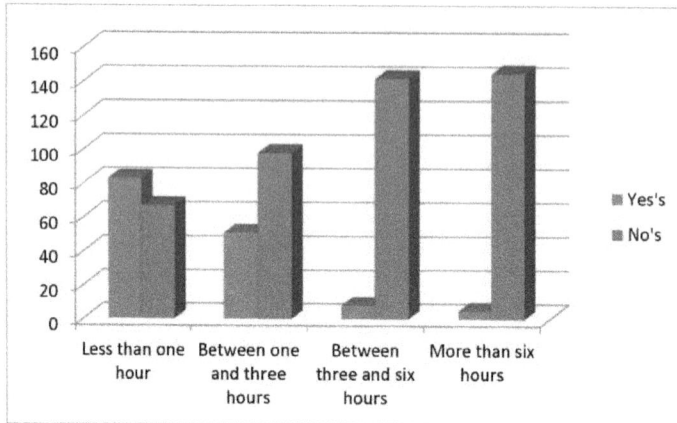

Domanda 6

Seguite qualche azienda su Facebook?

Si è deciso di analizzare insieme le domande 6 e 7, in quanto per il ricercatore è più facile presentare i dati in questo modo.

63 partecipanti su 150 hanno risposto dicendo di seguire un'azienda su Facebook.

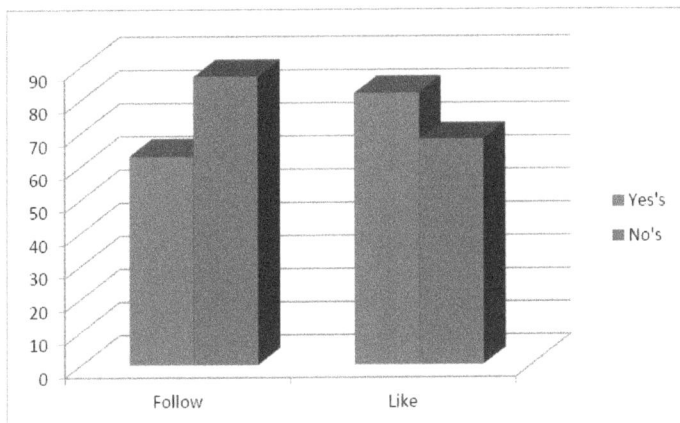

Domanda 7

Vi piace qualche azienda su Facebook?

Vedere sopra per la rappresentazione grafica.

82 partecipanti su 150 hanno risposto dicendo di apprezzare un'azienda su Facebook.

Confrontando le risposte alle domande 6 e 7, i dati mostrano che un maggior numero di partecipanti ha dichiarato di mettere "Mi piace" a un'azienda su Facebook, mentre un minor numero di partecipanti ha risposto di "Seguire" un'azienda su Facebook. Forse questo è un segno del fatto che gli utenti online preferiscono mettere "mi piace" a un'azienda solo per vederne i trend, piuttosto che "seguirla" e far parte di una comunità online ufficiale.

Domanda 8

Quali aziende seguite?

Le aziende seguite dai partecipanti al sondaggio per questo studio includono: Starbucks, Asos, Flair Events, Rolls Royce, Samsung, Astrium, Amway, Body Building Warehouse ecc.

Domanda 9

Quali sono le aziende che vi piacciono?

Le aziende che i partecipanti hanno apprezzato nell'ambito del sondaggio per questo studio includono: Roc a fella, Barclays, Instructus, "società cinematografiche", Guardian, Greenpeace, Amway ecc.

Domanda 10

Perché seguite un'azienda?

Tra tutti i partecipanti che hanno risposto a questa domanda, 57 hanno affermato di seguire un'azienda per motivi di incentivo. 22 partecipanti hanno risposto che il motivo per cui seguono un'azienda è la concorrenza, mentre 5 hanno preferito i giochi come motivo per seguire un'azienda. 22 partecipanti rientrano nella categoria "Altro" e hanno risposto che il motivo per cui seguono un'azienda va da: "informazioni", "aggiornamenti sui prodotti", "interesse", "per saperne di più su di loro e tenersi aggiornati/vedere che fanno tendenza", "offerte speciali" ecc.

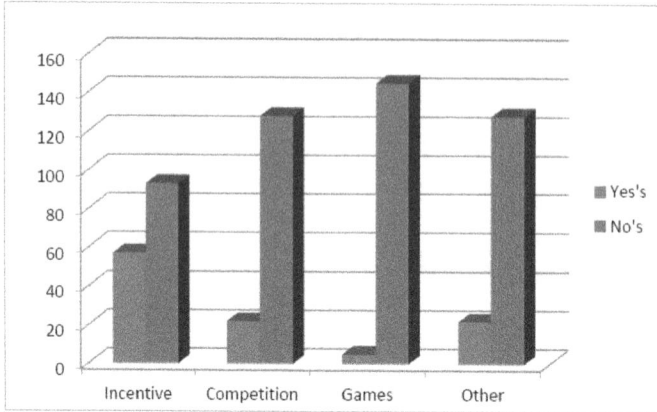

Domanda 11

Perché vi piace un'azienda?

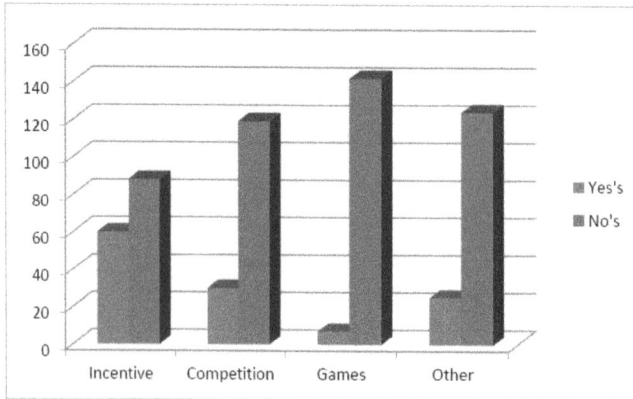

Così come un'alta percentuale di partecipanti ha risposto che l'incentivo è il motivo per cui segue un'azienda, i dati mostrano anche che un'alta percentuale di partecipanti ha risposto che l'incentivo è il motivo per cui ama un'azienda; 60 partecipanti rientrano in questa categoria. 30

I partecipanti hanno risposto che il motivo per cui apprezzano un'azienda è la concorrenza, mentre solo 7 hanno risposto che il motivo per cui apprezzano un'azienda è il gioco. Un totale di 25 partecipanti ha risposto che le ragioni del gradimento di un'azienda sono "altre", tra cui il lavoro, le prospettive di lavoro,

28

gli aggiornamenti su ciò che accade, la famiglia, gli interessi e così via.

Domanda 12

Avete mai postato sulla bacheca Facebook di un'azienda o su un forum di discussione?

Tra i 150 partecipanti intervistati per questo studio, solo 20 hanno risposto di aver postato su una bacheca Facebook aziendale o su un forum di discussione. Ciò dimostra che non tutti gli utenti online sono partecipanti "attivi", il che significa che gli utenti online sono distribuiti all'interno della categoria descritta sopra, che comprende: spettatori, inattivi, critici, ecc.

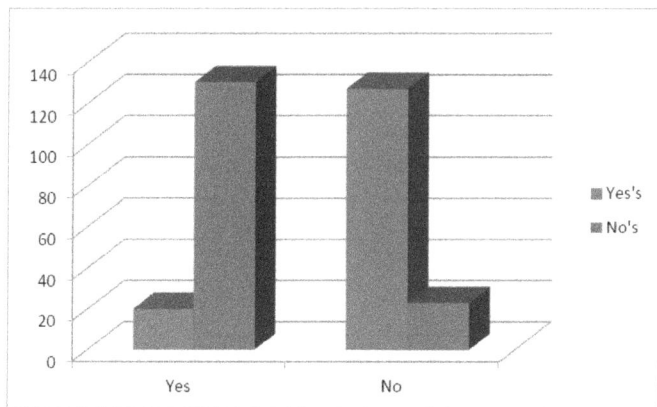

Domanda 13

Se vedete un concorso sui social media di un marchio di consumo, quale premio vi attirerebbe di più?

54 partecipanti hanno risposto che un tablet sarà il premio che li attirerà di più se vedranno un concorso sui social media di un marchio di consumo. 63 partecipanti hanno risposto che un premio personalizzato sarà il premio che li attirerà, mentre 25 partecipanti hanno risposto che una donazione in beneficenza sarà il premio che li attirerà. 55 partecipanti hanno risposto che il premio che li attirerà sarà un computer portatile e 26 partecipanti hanno risposto che il premio che li attirerà sarà un buono per il cibo. Un totale di 57 partecipanti ha risposto che i buoni per vestiti e amazon saranno il premio che li attirerà, e 22 partecipanti hanno risposto che i premi non li attireranno. Mentre 12 partecipanti hanno risposto che "altre" forme di premi come: grandi somme di denaro, biglietti per eventi, prodotti dell'azienda, apple mac book sono i premi che li attireranno se vedranno un concorso sui social media di un marchio di consumo.

I dati mostrano che il premio personalizzato è uno dei principali incentivi che attira i partecipanti a questo studio e forse anche altri utenti online verso un marchio di consumo online. Forse questa è una rivelazione dell'empowerment che gli utenti online stanno vivendo oggi, dove sono in grado di influenzare il modo in cui scelgono di interagire con un marchio di consumo.

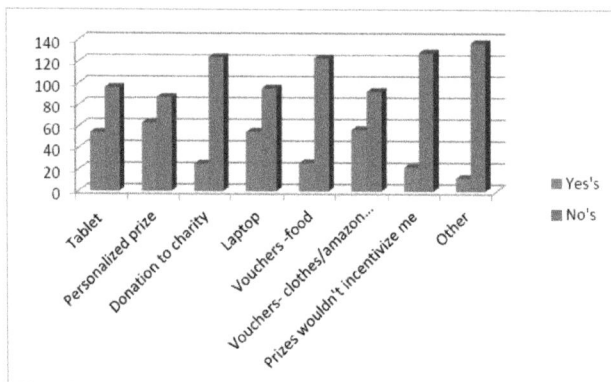

Domanda 14

Twitta?

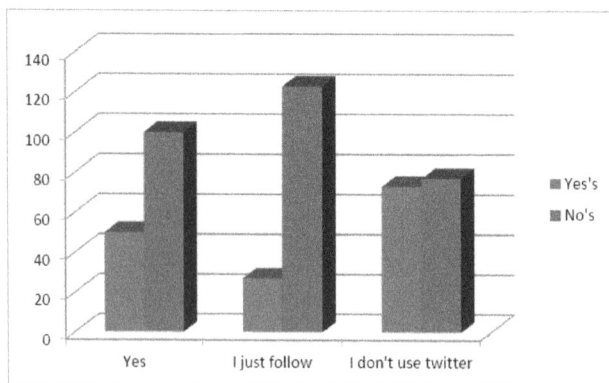

50 partecipanti hanno risposto dicendo che twittano, mentre 27 hanno risposto dicendo "mi limito a seguire" e 73 hanno risposto "non uso twitter". Ciò che emerge chiaramente da queste risposte è che la maggior parte dei partecipanti a questo studio non ha alcun legame con Twitter. Forse questo è un segnale del fatto che twitter non è così efficace in termini di interazione rispetto a Facebook, per esempio.

Domanda 15

Cosa seguite su Twitter?

I dati mostrano che 61 partecipanti seguono celebrità su Twitter, mentre 26 seguono programmi televisivi. Mentre 24 partecipanti seguono punti vendita al dettaglio e 38 partecipanti seguono aziende (compresi i reclutatori), mentre 19 partecipanti hanno risposto dicendo "non seguo nessuno". Inoltre, 28 partecipanti seguono "altre" cose su Twitter come: politici, giornali, amici, associazioni di beneficenza, gruppi musicali, ecc. In base alle risposte dei partecipanti a questa domanda, è chiaro che gli utenti online si sentono a proprio agio nell'associarsi alla loro celebrità preferita, sotto forma di attore, attrice, modello, cantante/rapper ecc. Questo è un riflesso della rappresentazione online del sé e della gestione dell'identità online.

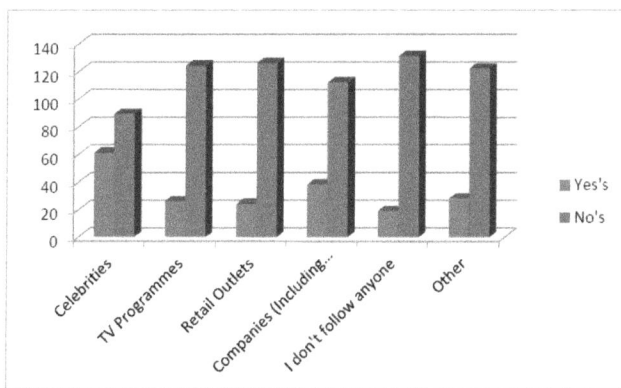

Domanda 16

Con quale frequenza consultate i social media sul vostro dispositivo mobile?

I dati mostrano che 120 partecipanti utilizzano i social media sul proprio dispositivo mobile, mentre solo un partecipante ha risposto che non li utilizza quasi mai. Mentre 20 partecipanti hanno risposto che "a volte" guardano i social media sul loro dispositivo e 8 hanno risposto che "mai" guardano i social media sul loro dispositivo mobile.

Ciò che emerge dalle risposte dei partecipanti a questa domanda è il cambiamento delle forme di comunicazione, in cui i mercati mobili svolgono un ruolo crescente tra gli attori all'interno di un complesso sistema di ruoli che possono essere eseguiti da attori diversi in forme di comunicazione diverse. In sostanza, secondo i dati emersi dalle risposte dei partecipanti a questa domanda, i dispositivi mobili rappresentano oggi una potente piattaforma che le organizzazioni possono utilizzare come strumento di comunicazione per raggiungere un pubblico più vasto all'interno di una rete di concorrenza sempre più ampia.

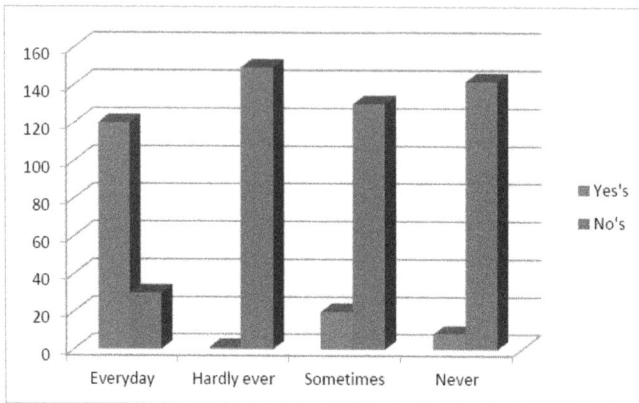

Domanda 17

Scrivete regolarmente sul blog?

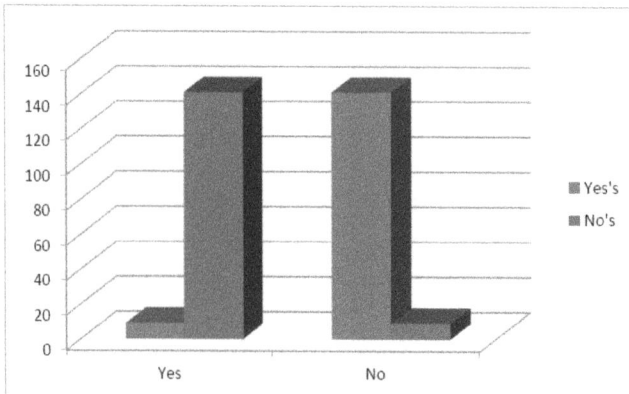

Tra i 150 partecipanti inclusi in questo studio, solo 9 hanno risposto dicendo di bloggare regolarmente. Ciò suggerisce che il livello di coinvolgimento e di attività sui siti di blogging non è lo stesso di altre piattaforme come Facebook.

Domanda 18

Quali siti di blogging utilizzate di solito?

Il sito di blogging più utilizzato dai partecipanti intervistati nell'ambito di questo studio è tumblr, con 11 partecipanti in totale che hanno risposto dicendo di visitare regolarmente questo sito di blogging. Mentre altri siti di blogging comuni utilizzati dai partecipanti variano da wordpress, pinterest, BlogSpot, buzzfeed, tinder, gawker, lp med, lp KAT.

Domanda 19

Perché scrivi sul blog?

La maggior parte dei partecipanti ha risposto "non scrivo sul blog", con 77 partecipanti su 150 che hanno dato questa risposta. Tuttavia, tra gli altri partecipanti, un numero maggiore rientra nella categoria "condivisione di informazioni/risorse" e "interazione con persone che la pensano allo stesso modo", rispettivamente 12 e 14 partecipanti. Sulla base di queste risposte, sembra che la condivisione di informazioni/risorse e l'interazione con persone che la pensano allo stesso modo servano da premessa per diversi ambienti e comunità virtuali.

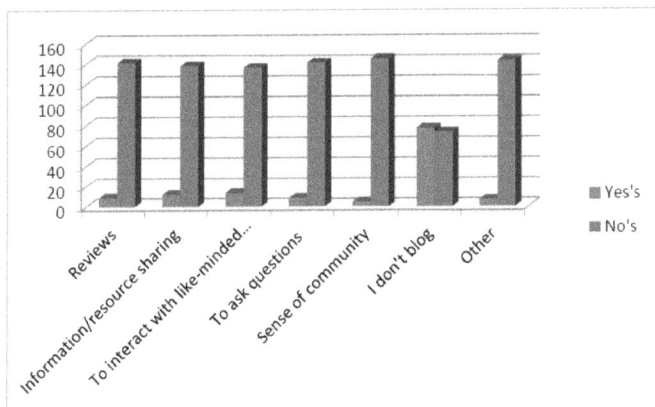

Domanda 20

Avete mai scritto un blog su un'azienda dal punto di vista del consumatore?

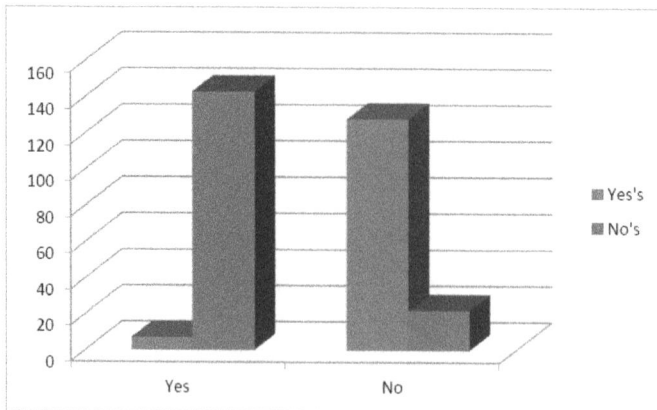

Tra i 150 partecipanti intervistati per questo studio, solo 7 hanno risposto dicendo di aver bloggato dal punto di vista del consumatore. Le risposte dei partecipanti suggeriscono che i partecipanti non sono molto coinvolti nell'interazione sociale disponibile sui siti di blogging. Forse i siti di blogging non forniscono la connessione necessaria per soddisfare le esigenze e i desideri degli utenti online.

Domanda 21

Cosa non vi piace dei social media?

Un partecipante ha risposto a questa domanda dicendo: *"Come ha trasformato negativamente il modo in cui le persone socializzano al giorno d'oggi. Quando ero bambino, ci riunivamo fuori casa. Giocavamo a calcio, chiacchieravamo e cose del genere. Ora, invece, tutti bevono in discoteca o sono seduti in casa su Facebook. I miei amici, che fanno per lo più parte del secondo gruppo, mi mettono in difficoltà nel comunicare con loro, perché non uso molto Facebook o altri media simili".* Anche se i media digitali e online limitano e potenziano al tempo stesso gli individui che interagiscono tra loro nella vita pubblica, la domanda cerca di rivelare alcuni limiti dei social media e la risposta di uno dei partecipanti a questo studio riflette abbastanza bene come i social media limitino altre forme di interazione nella vita di un individuo. In questo caso, limitano l'opportunità del partecipante di interagire fisicamente con i suoi amici che sono per lo più online quando sono liberi.

In altri casi i social media possono essere considerati privi di privacy in termini di protezione dei dati, come nel caso della risposta di un partecipante alla domanda precedente: *"può essere intrusivo".* Ciò suggerisce che, nonostante il quadro legislativo e gli sforzi di autoregolamentazione, le informazioni degli utenti online non sono ancora adeguatamente protette.

Capitolo 6. Riassunto dei risultati (risultati)

È chiaro che Cadbury ha successo sui social media grazie alla sua presenza multipla su diverse piattaforme di social media, ma anche per il numero di follower che ha grazie alla sua presenza sui social media nonostante la creazione di una campagna di successo sui social media (in Cadbury House Experience). La creazione di capacità specifiche per lo sviluppo di contenuti, la gestione della comunità e l'analisi in tempo reale ha permesso a Cadbury di sviluppare connessioni dirette e multipiattaforma con i clienti che intendono impegnarsi con il marchio.

I risultati di questo studio mettono in luce molte teorie già consolidate sui social media, ma in particolare sull'uso di Facebook; ad esempio, in questo studio i risultati mostrano che la struttura della gratificazione di Facebook è simile a quella di altri studi e sottolinea i bisogni sociali soddisfatti dall'uso di Facebook. In totale, 108 partecipanti su 150 hanno risposto dicendo di usare Facebook ogni giorno. Tuttavia, in altri casi zero partecipanti hanno risposto dicendo di usare Myspace. Ciò evidenzia che alcune piattaforme non sono più in grado di soddisfare le esigenze degli utenti online. Inoltre, quando ai partecipanti di questo studio è stato chiesto il motivo per cui visitano un sito di social media, 138 partecipanti su 150 hanno risposto che "tenersi in contatto con gli amici" era il loro scopo per visitare un sito di social media preferito. Pertanto, i social media servono a soddisfare i bisogni sociali e a mantenere le relazioni tra gli altri.

L'individuazione di alcune problematiche relative alla privacy e all'interazione fisica rappresenta un potenziale danno per la credibilità e l'affidabilità di Cadbury, e stabilisce che il crescente utilizzo dei social media minaccia il futuro ruolo di Cadbury nel mercato economico globale, ponendo una maggiore enfasi sui contenuti e sui contributi forniti dai suoi clienti e dagli altri utenti online.

Capitolo 7. Discussione

Attraverso la sua presenza sui social media e la sua campagna di social media marketing, Cadbury ha incorporato tutte le nove best practice sopra elencate. Sapevano cosa volevano dalla campagna; sono stati umani, hanno prestato attenzione ai fan e ai follower, hanno risposto a diversi e hanno sfruttato i loro contenuti in modo da non sovrastarli. Si sono coinvolti nelle conversazioni, hanno ottenuto risposte in tempo reale, hanno familiarizzato con il pubblico e con le piattaforme, ma hanno anche sviluppato un'esperienza unica.

Oltre a (Cadbury House Experience), Cadbury ha creato anche altre campagne come "Cadbury #CremeEggBake Hangout with Eric Lanlard" sul proprio GooglePlus per rivolgersi a tutti gli utenti del groundswell. I fan, i follower e gli amici potevano trovarsi a metà strada tra un creatore e uno spettatore e trarre vantaggio dalla visione o dalla partecipazione alla campagna in entrambi i casi. I creatori potrebbero scrivere articoli sulle parti della campagna che più gli piacciono, mentre gli spettatori potrebbero limitarsi a guardare la campagna svilupparsi e crescere al ritmo che preferiscono.

Cadbury house experience è una campagna virale di successo, in particolare grazie alla collaborazione con il sistema operativo dei social media (dwinQ). Questa campagna è ancora accessibile su Internet, il che offre continui benefici al marchio. Inoltre, il fattore "wow" della campagna comprende sia la portata della campagna, sia il luogo in cui è stata realizzata. Permettere ai partecipanti di diventare campioni istantanei del marchio è un grande risultato e le Olimpiadi 2012 sono una delle poche competizioni poste al centro della scena mondiale. Inserendo questa campagna su Facebook, Newsfeed e YouTube, Cadbury è stata in grado di creare qualcosa di "caldo" su questa campagna e di vederla crescere, oltre a conquistare diversi target di pubblico.

Creando un'eccitazione, Cadbury ha dato ai visitatori, ai fan, agli amici e ai follower un motivo per visitare i loro siti. In breve, Cadbury ha creato una "necessità" per gli utenti di cercare online informazioni sull'andamento della campagna. Gli utenti hanno guadagnato visitando i siti e interagendo con i loro amici e con Cadbury, sentendo di aver sviluppato un rapporto e di essere parte di qualcosa di memorabile.

Capitolo 8. Conclusione

La presenza online di Cadbury e il suo impegno nei confronti dei clienti e degli altri utenti online possono servire da modello per altre aziende. Questo documento ha esplorato il social media marketing e ha presentato un caso di studio di Cadbury. Sono state analizzate la teoria degli usi e delle gratificazioni e la teoria del groundswell. Sono state esaminate anche le migliori pratiche per comunicare sui social media e gli approcci per campagne di marketing virale di successo. Inoltre, la ricerca primaria, sotto forma di sondaggio, ha aiutato a scoprire i limiti dei social media e altre idee come le motivazioni degli utenti per l'utilizzo di una particolare piattaforma di social media e quali piattaforme particolari sono comuni tra gli utenti online. Queste teorie e strategie sono state poi analizzate esaminando la presenza di Cadbury sui social media e il suo coinvolgimento in una recente campagna sui social media, ma anche incorporando altre idee provenienti dalla ricerca primaria condotta nell'ambito di questo studio. Tuttavia, il progresso tecnologico e la globalizzazione hanno portato i social media a diventare parte integrante delle attività commerciali globali, ma anche a essere considerati vitali per la sopravvivenza nell'attuale ambiente economico altamente competitivo. È per questo motivo che le aziende stanno incorporando sempre più spesso i social media nei loro metodi di comunicazione, perché si stanno rivelando lo strumento più efficace attraverso il quale raggiungere quotidianamente un pubblico globale. Pertanto, come discusso in questo documento, i social media stanno essenzialmente trasformando varie modalità di comunicazione e stanno diventando lo strumento del futuro delle campagne di marketing.

La ricerca futura che può essere condotta potrebbe essere una descrizione dettagliata della presenza di Cadbury su base giornaliera, e non solo una grande campagna. La ricerca primaria (indagine) avrebbe potuto essere condotta in modo diverso, anche se era previsto di condurre un'intervista con l'azienda scelta (Cadbury) per questo studio; tuttavia il ricercatore non ha potuto farlo a causa di circostanze impreviste. Forse questo avrebbe potuto aiutare a scoprire ulteriori idee e riflessioni utili sulla presenza di Cadbury sui social media. Questa ricerca è adatta a prevedere le tendenze, come ad esempio ciò che sta creando scalpore sui social media e se è il momento giusto per raggiungere gli utenti, ma anche quando gli utenti hanno le maggiori critiche su un prodotto e se l'azienda sta rispondendo in modo abbastanza coerente ai post sui social media.

Bibliografia

http://www.cmo.eom/content/cmo-com/home/articles/2011/4/14/9-d igital-marketing- lessons-from-top-social-brands.frame.html. Drell, L. (2013, 12 ottobre). 9 lezioni di marketing digitale dai migliori marchi sociali. Mashable.

Sarah Shearman. Cadbury lancia due barrette Dairy Milk tramite i social media. Recuperato (2013, 13 ottobre) da http://www.marketingmagazine.co.uk/article/1148783/cadbury- launches-two-dairy-milk-bars-via-social-media.

Nic Newman, William H. Dutton, Grant Blank (2012). I social media nella mutevole ecologia delle notizie: Il Quarto e il Quinto Stato in Gran Bretagna. Pp.: 9. Recuperato (2013, 13 ottobre), da http://www.ijis.net/ijis7 1/ijis7 1 newman et al.pdf

Peter Field e Carlos Grande (2013). Warc Trends Seriously Social: Un casebook sulle tendenze di efficacia delle campagne sui social media. Pp: 4. Recuperato (2013, 13 ottobre), da http://www.warc.com/freecontent/Social Media sample trial.pdf?M=SMSTrial

David Meerman Scott (2008). Le nuove regole del marketing virale - Come il passaparola diffonde gratuitamente le vostre idee. Pp.: 9. Recuperato (2013, 13 ottobre), da http://www.davidmeermanscott.com/documents/Viral Marketing.pdf

Kirkby, J. e Marsden, P. (2006, 2007). Marketing virale. *Connected Marketing* (Pp.: 96-97). Oxford: Elsevier. *Versione modificata.*

http://www.marketingmagazine.co.uk/article/1147152/cadburys-olympic-sponsorship- porta a 25 milioni i fan dei social media. Sarah Shearman, 27.08.2012. Visualizzato: (16/10/13).

Zizi Papacharissi & Andrew Mendelson. Verso una nuova socievolezza: Usi, gratificazioni e capitale sociale su Facebook. Pp: 3, 10, 11, 12. Recuperato (2013, 16 ottobre) da http://tigger.uic.edu/~zizi/Site/Research files/FacebookSociability.pdf.

Dalle campagne alle capacità: L'impatto dei social media sul marketing e oltre. Christopher Vollmer & Karen Premo, 2011, pagg. 1 - 25. Recuperato (2013, 13 ottobre), da http://www.booz.com/media/file/BoozCo-Campaigns-Capabilities-Social-Media- Marketing.pdf

"Esperienza Cadbury House": Cadbury amplifica i social media con dwinQ alle Olimpiadi 2012. http://www.youtube.com/watch?v=wILprOrDHKA, Pubblicato il: 26 novembre 2012.

YouTube, www.youtube.com, 2012.

Aggiornamenti da e sul team Cadbury del Regno Unito su Twitter. https://twitter.com/CadburyUK Visualizzato: (16/10/13). Twitter, www.twitter.com, 2013.

Caso di studio - Cadbury. Recuperato (2013, 13 ottobre), da http://services.google.com/fh/files/blogs/cadburycase study.pdf

Aggiornamenti da e sul team Cadbury del Regno Unito su Facebook. https://www.facebook.com/CadburyUK . Consultato: (13/10/2013). Facebook, www.facebook.com, 2013.

Aggiornamenti da e sul team Cadbury del Regno Unito su Google+. https://plus.google.com/+cadbury/posts. Visualizzato: (13/10/2013). Google+, www.Google+.co.uk, 2013.

Aggiornamento da e sul team Cadbury del Regno Unito su YouTube. http://www.youtube.com/user/CadburyUK. Visualizzato: (13/10/2013). YouTube, www.YouTube.com, 2013.

Regole della casa Cadbury UK. (2013) Recuperato il 13 ottobre 2013, da https://www.facebook.com/CadburyUK/info.

I social media: I vantaggi per il business possono essere enormi, ma i rischi - reputazionali, legali, operativi - possono essere mitigati? Toby Merrill, Kenneth Latham, Richard Santalesa e David Navetta, 2011, pag. 2. Recuperato (2013, 15 novembre), da http://www.acegroup.com/us-en/assets/ace-progress-report-social-media.pdf.

Charlene Li e Josh Bernoff (2008). Groundswell: vincere in un mondo trasformato dalle tecnologie sociali. Pp. 9 e 41-45. Harvard Business Press.

Michael E. Porter e Mark R. Kramer (2011). Creare valore condiviso: Come reinventare il capitalismo e scatenare un'ondata di innovazione e crescita. Pp.: 15. Recuperato (2013, 5 dicembre), da http://www.hks.harvard.edu/m-.

rcbg/fellows/N LovegroveStudyGroup/Session 1/Michael Porter CreatingShared Valu e.pdf

Petra Lietz (2010). Ricerca sulla progettazione dei questionari - Una sintesi della letteratura; International Journal of Market Research, Vol. 52 (2), pp.: 249, 250 & 251. Recuperato (2014, 02 febbraio), da http://cmsdev2.cse.edu/dotAsset/134306.pdf.

Key Pousttchi & Yvonne Hufenbach (2011). Creazione di valore nel mercato mobile. Vol. 3 (5), pagg. 299.

Wayne D. Hoyer, Rajesh Chandy, Matilda Dorotic, Manfred Krafft e Siddharth S. Singh (2010). La cocreazione dei consumatori nello sviluppo di nuovi prodotti. Pp.: 283.

Zizi Papacharissi. Usi e godimenti. Pp.:139. Recuperato (2014, 15 febbraio), http://tigger.uic.edu/~zizi/Site/Research files/PapacharissiU%26G.pdf

Anabel Quan-Haase e Alyson L. Young (2010). Usi e gratificazioni dei social media: Un confronto tra Facebook e la messaggistica istantanea. Pp: 350 - 361. Recuperato (2014, 24 marzo), da file:///C:/Users/Home/Downloads/Bulletin of Science Technology Society-2010- Quan-Haase-350-61-libre.pdf

C.K. Prahalad & Venkat Ramaswamy (2004). Esperienze di co-creazione: La prossima pratica nella creazione di valore. Pp.: 6.

Geoffrey J. Simmons. "i-Branding": sviluppare Internet come strumento di branding. Pp.: 551. Recuperato (2014, 24 marzo) http://www.emeraldinsight.com/journals.htm?articleid=1628110.

Appendici

Nome: Pelumi Rotimi Joseph
ID studente: 110627630

DICHIARAZIONE

BUS314 Dissertazione su affari e gestione

Questa tesi di laurea, intitolata
Incorporare efficacemente i social media: Un caso di studio su Cadbury
è stato composto da me e si basa sul mio lavoro. Laddove è stato utilizzato il lavoro di altri, se ne dà atto nel testo e nelle didascalie di tabelle e illustrazioni. Questo rapporto non è stato presentato per altre qualifiche.

Pelumi Rotimi Joseph

Firmato ....

29/04/2014

Data ....

40

Appendice B: Questionario campione

Questionario/Sondaggio:

1. Con quale frequenza utilizza i siti di social media?

	Ogni giorno	La maggior parte dei giorni	Una volta alla settimana	Una volta al mese	Mai	Mai sentito parlare di
Facebook						
Youtube						
Twitter						
Google+						
LinkedIn						
Instagram						
Camera dello studente						
Blog						
Il mio spazio						

Altro (specificare e frequenza)

2. Quali piattaforme utilizzate più regolarmente per accedere ai vostri account di social media?

(Barrare il numero più appropriato)

o PC/Mac

o Computer portatile

o Telefono cellulare (Android, Samsung, iPhone, BlackBerry ecc.)

o Ipad o tablet

o Altro (specificare)

3. Qual è lo scopo principale per cui visitate il vostro sito di social media preferito?

(Barrare il numero più appropriato)

o Mantenere i contatti con gli amici

o Condivisione di foto

o Aggiornamenti sulla pubblicazione

o Organizzazione di eventi

o Controllare i profili degli altri

o Incontri

o Mantenere i contatti con il club o la comunità

o Lavoro/carriera

o Altro (specificare)

[ ]

4. Se foste interessati a seguire un'azienda (ad esempio un marchio di consumo) o i suoi prodotti/servizi, come interagireste con loro sui social media?

o Seguirli/appassionarsi a loro

o Ignorare

o Visitare la loro pagina ma non mettere like/follow

o Altro (specificare)

[ ]

5. Quanto tempo trascorrete su Facebook in un giorno?

o Meno di un'ora

o Tra una e tre ore

o Tra le tre e le sei ore

o Più di sei ore

6. Seguite qualche azienda su Facebook?

o Sì

o No

7. Vi piace qualche azienda su Facebook?

o Sì

o No

8. Quali aziende seguite?

[ ]

9. Quali sono le aziende che vi piacciono?

[ ]

10. Perché seguite un'azienda?

(Barrare il numero più appropriato)

o Incentivo

o Competizione

o Giochi

o Altro (specificare)

[ ]

11. Perché vi piace un'azienda?

(Barrare il numero più appropriato)

o Incentivo

- Competizione
- Giochi
- Altro (specificare)

12. Avete mai postato sulla bacheca Facebook di un'azienda o su un forum di discussione?

- Sì

- No

13. Se vedete un concorso sui social media di un marchio di consumo, quale premio vi attirerebbe di più?

(Barrare il numero più appropriato)

- Tavoletta

- Premio personalizzato (vi viene dato un budget e potete scegliere)

- Donazione in beneficenza

- Computer portatile

- Buoni - Alimentari

- Buoni - Vestiti/Amazon ecc.

- I premi non mi incentiverebbero

- Altro (specificare)

14. Twitta?

- Sì

- Seguo solo

- Non uso twitter

15. Cosa seguite su Twitter?

(Barrare il numero più appropriato)

- Celebrità

- Programmi televisivi

- Punti vendita al dettaglio

- Aziende (compresi i reclutatori)

- Non seguo nessuno

- Altro (specificare)

16. Con quale frequenza consultate i social media sul vostro dispositivo mobile?

- o Ogni giorno
- o Quasi mai
- o A volte
- o Mai

17. Scrivete regolarmente sul blog?

- o Sì
- o No

18. Quali siti di blogging utilizzate di solito?

19. Perché scrivi sul blog?

(Barrare il numero più appropriato)

- o Recensioni
- o Condivisione di informazioni/risorse
- o Interagire con persone che la pensano allo stesso modo
- o Porre domande
- o Senso di comunità
- o Non scrivo sul blog
- o Altro (specificare)

20. Avete mai scritto un blog su un'azienda dal punto di vista del consumatore?

- o Sì
- o No

21. Cosa non vi piace dei social media?

Nome	Uomo	Donna	Età	Data	Tempo (di completamento). *Tra quando e quando?*	Firma	Studente ID n.:

Appendice C: Brief del progetto

o **Titolo/argomento: Incorporare efficacemente i social media: Un caso di studio su Cadbury.**

Perché l'argomento è importante:

I social media sono importanti e rappresentano una forza trainante nel campo della comunicazione e del marketing e non fanno che crescere. Questo fenomeno sta cambiando il modo in cui il marketing è stato fatto negli anni passati e sta ancora cambiando il modo in cui viene fatto. Il feedback istantaneo, il contatto diretto e l'esperienza dell'interazione sociale su larga scala sono solo tre dei vantaggi.

Il social media marketing aiuta un'azienda a costruire una relazione e ad associarsi facilmente al proprio pubblico. Strumenti come Facebook, Twitter, MSN, YouTube, Google+ e vari siti di blogging sono utili per creare una connessione. Spetta quindi all'azienda garantire che il rapporto si sviluppi, cresca e si mantenga.

Cosa intendo scoprire:

Intendo esplorare e indagare in che modo i social media vengono utilizzati in particolare in Cadbury, quali elementi giocano un ruolo nella ricerca dei social media. Considererò anche la sua utilità come strumento di marketing, ma anche per creare e aggiungere valore alle organizzazioni. Inoltre, intendo esaminare come i social media, come ad esempio Facebook, contribuiscano a creare una base di clienti che alla fine si trasforma in un'area di opportunità per le organizzazioni. Alla fine del mio progetto di ricerca, quindi, mi aspetto di aver spacchettato e chiarito i punti sopra citati.

Come intendo farlo (cioè il disegno e i metodi di ricerca):

Raccolta dati e campionamento:

Verificare le pratiche attuali e lo sviluppo dei social media e il loro utilizzo da parte di Cadbury nell'industria dolciaria del Regno Unito. Verrà creato e diffuso un *questionario* per raccogliere dati quantitativi sulla gamma di social media utilizzati (ad esempio, Facebook, Twitter, Google+), per scoprire come e perché Cadbury utilizza i social media.

I dati saranno estratti esaminando la storia di come i social media sono cresciuti (dai primi anni '90 ai tempi recenti) e di come l'avanzamento della tecnologia ha contribuito a favorirlo. *A tal fine, verranno esaminati gli articoli di diversi autori del settore.*

I dati saranno estratti e analizzati attraverso grafici, tabelle e diagrammi che illustrano gli allineamenti delle principali relazioni tra la crescita dei social media e Cadbury.

I dati di entrambe le serie saranno sintetizzati per stabilire se le correlazioni indicano una crescita importante all'interno di Cadbury nel suo complesso.

Milton Keynes UK
Ingram Content Group UK Ltd.
UKHW030144051224
452010UK00001B/165

9 786208 323165